Andrea Braun

Müssen Kinder wirklich alles haben?

Andrea Braun

MÜSSEN KINDER WIRKLICH ALLES HABEN?

Wege aus der Konsumspirale

Kösel

Druck und Bindung: Pustet, Regensburg
Umschlag: KOSCH Werbeagentur, München
Umschlagfoto: Getty Images/Liz und Jeff von Hoene
Illustrationen: Jan Birck, München
ISBN 3-466-30574-8

Gedruckt auf umweltfreundlich hergestelltem Werkdruckpapier (säurefrei und chlorfrei gebleicht)

INHALT

Was können Eltern entgegensetzen? 59

VORWORT

Liebe Eltern, liebe Leser,

als ich vor einigen Jahren mein erstes Buch *Weniger ist oft mehr* zum Thema Konsumerziehung schrieb, konnte ich noch nicht ahnen, was in dieser Hinsicht alles auf mich zukommen würde. Nicht nur, dass sich mein eigener Blick für viele Situationen im Leben mit Kindern in meiner Umgebung verschärfte (vom eigenen pädagogischen Alltag ganz zu schweigen), es entstand vielmehr eine Veränderung der ganzen Gesellschaft im Umgang mit diesem Thema.
Dazu startete ich eine Vortragsreihe durch Volkshochschulen, Kindergärten, Schulen und Initiativen. An vielen Abenden diskutierte das Publikum während und nach den Vorträgen über seine ureigenen kleinen »Schlachtfelder« zu Hause bei den »Kids«. Ob das der Zweijährige war, mit dem sich stets dieselben Szenen an der Kasse des Supermarktes um diese verhassten Lollis oder Schokoriegel abspielten, der sechsjährige »Pokemonsüchtige«, der sein gesamtes »Vermögen« in ein inzwischen ziemlich reiches Imperium steckte, oder die Zwölfjährige, die »echt coole« Markenklamotten als das Mindeste an elterlichem pädagogischen Standard sieht: Immer sind es die Eltern – oftmals die Mütter –, die mitten auf der Zielscheibe stehen und sich händeringend fragen, ob die gestrige Entscheidung wieder die richtige war, oder ob sie sich nicht doch einmal hätten trauen sollen, laut und deutlich »Nein« zu sagen.
Aber was sagen die Nachbarn, die Freunde der Kinder und die anderen Familien? Würde man als geizig, finanziell minderbemittelt oder als leicht verrückt eingestuft? Auf der anderen Seite stehen Befürchtungen, dass die Sprösslinge einem vielleicht eines Tages mit ihren Ideen

und Forderungen wirklich über den Kopf wachsen: »Wie soll das alles weitergehen? Wohin soll das führen?«
Früher gab's noch eigensinnige Opas, die vor sich hin orakelten: »Wartet nur noch ein paar Jahre, dann werdet ihr schon sehen, wohin das noch führt!« Heutzutage sind es oft gerade Omi und Opi, die sich gegenseitig übertrumpfen im Beschenken, Überraschen und Belohnen durch Mitbringsel.
Ich möchte Sie, liebe Leser, einladen, ein wenig an den vielschichtigen Alltagsproblemen unserer neuen Konsumgeneration, aber auch an den findigen Ideen vieler Miteltern teilzuhaben. Dabei möchte ich mich nicht ausnehmen, denn auch ich stehe mit meinen eigenen zwei Kindern in der täglichen Auseinandersetzung mit der Konsumproblematik.

SITUATION KINDHEIT

Wenn man die Zusammenhänge zwischen unserem Konsum-Schlaraffenland und der intensiven Begeisterung und Verführungsbereitschaft unserer Kinder verstehen möchte, muss man sich mit der heutigen Situation der Kindheit auseinander setzen.
Dazu im Folgenden einige Erlebnisse aus einer Vortragsreihe durch die deutsche Erziehungslandschaft.

»Wenn mein Papa von früher erzählt« Über das, was es früher nicht gab und was wir unseren Kindern heute alles kaufen

MEIN VATER ERZÄHLT AM ABENDBROTTISCH:
➤ 1975

»Früher, da waren wir zehn Kinder, alle um einen Tisch. Der Vater schnitt das Brot auf, wir mussten alles teilen. Oft hatten wir Hunger. Extrawurst gab's nicht. Die Ältesten mussten sich um die Jüngeren kümmern. Wer schon verdiente, brachte das Geld heim. Spielsachen hatten wir wenig. Damals gab es noch kein Fernsehen wie heute! Wir waren froh, wenn wir ein Paar ganze Schuhe hatten und nach der Schule und den häuslichen Verpflichtungen ab in den Wald oder an den Fluss zum Spielen konnten. Wir haben uns den ganzen Nachmittag nicht blicken lassen. Und wenn wir etwas ›ausgefressen‹ hatten, gab es was mit dem Lederriemen. Nichts von wegen selbst entscheiden, da hatte man noch zu gehorchen!

Da könnt ihr mal drüber nachdenken, wie gut es euch geht, wenn ihr jeden Tag was zu essen habt, die Kinderstunde anschaut oder in eurem gemeinsamen Kinderzimmer Lego spielt.«

MEIN MANN ERZÄHLT AM ABENDBROTTISCH:
➤ 2002

»Wisst ihr eigentlich, wie gut es euch im Vergleich zu den Kindern früher geht?
Bei uns gab es weniger Spielsachen, viele Dinge waren noch gar nicht für Kinder erfunden. Wir hatten ein wenig Lego, einen guten Ball, ab und zu kauften wir uns ein Comicheft. Im Fernsehen begann erst um fünf Uhr nachmittags das Kinderprogramm, und das auch nur für zwei Stunden. Zum Anziehen bekamen wir das, was die Eltern

eingekauft hatten, und Süßigkeiten gab es auch nicht in den Mengen, in denen sie die Kinder von heute essen. Wir sind mit den Eltern zum Campen nach Italien gefahren und am Wochenende oft zum Wandern gegangen. An den Nachmittagen waren wir viel draußen in den umliegenden Gärten und Vorplätzen, am allerliebsten spielten wir Fußball oder ›Räuber und Gendarm‹. Es gab ja genug Kinder zum Spielen. In vielen Familien sogar drei oder vier. Könnt ihr euch das vorstellen? Ohne Gameboy und Computer? Das ist heutzutage was ganz anderes mit den vielen Kindersendungen und dem wahnsinnigen Angebot an Spielsachen, die sich in euren Kinderzimmern so türmen.«

MEIN SOHN ERZÄHLT AM ABENDBROTTISCH SEINEN KINDERN:
➤ 2032

»Jetzt erzähle ich euch mal, wie das früher so bei uns war, das werdet ihr kaum glauben:
Es gab Zeiten, da wurde der Schulunterricht in Englisch und der Einsatz von Computern in der Schule erst ab der 4. Klasse für nötig befunden. Der Unterricht wurde zudem ausschließlich von Lehrern durchgeführt!
Viele Eltern mussten und wollten schon früh wieder beide arbeiten gehen. Im Fernsehen wurden Kinder permanent mit spezieller Kinderwerbung zwischen den Filmen berieselt. Abends ab acht Uhr war das offizielle Programm für Kinder schon beendet, aber erste Familiensendungen füllten danach langsam diese Lücke aus.

Schon damals gab es Sammelleidenschaften: Das Ganze hieß ›Pokemon‹ und ›Digimon‹ – das waren ganz spezielle Fernsehsendungen, zu denen es dann alle Figuren als Abziehbildchen, Sammelkarten und Plastikfiguren gab. Wenn da Kinder dabei waren, die nicht mit den anderen mithalten konnten, wurden sie gnadenlos zu Außenseitern. Viele Kinder hatten zwar schon ihr eigenes Zimmer, aber noch lange nicht alle Kinderzimmer waren mit Fernseher und Computer ausgestattet. Vor dem Internet fürchteten sich die Eltern. Das Taschengeld wurde wöchentlich in bar ausgezahlt, Kinder hatten oftmals nicht einmal ein eigenes Konto, über das sie verfügen konnten. Deshalb gingen die Jugendlichen oft kleinere Arbeitsverhältnisse ein, um ihre nötigsten Anschaffungen wie Handy, Ausgehen und Klamotten zu bezahlen. Aber es gab auch schon viele Eltern, die einsahen, dass es besser wäre, die Kinder finanziell zu unterstützen.
Ihr seht schon, dass das eine ganz andere Zeit war!«

Ich würde sehr gerne wissen, wie es mit unseren Kindern und der zukünftigen Erziehung 2032 wirklich aussehen wird.
Ob sich die bisherige Konsum- und Medienpräsenz erweitert oder es eine Welle im Sinne von »Zurück zum Ursprung« gibt?
Werden wir in eine noch kompliziertere Welt hineinwachsen oder auch nur den Umgang und die Einstellungen verändern?
Fragen, die heute noch völlig offen sind. Jedoch kann man jetzt schon sehr deutlich den *bisherigen* Wandel der Kindheit im Laufe der vergangenen Jahrzehnte beobachten:

früher	heute
mehrere Geschwister	Ein- oder Zwei-Kind(er)-Familie
Mutter zu Hause	doppelte Berufstätigkeit der Eltern
finanzielle Einschränkungen	»Man kann sich etwas leisten«
eingeschränktes Spielzeugangebot	expandierende Spielzeugmärkte
minimales Fernsehprogramm	multimediales Kinderzimmer
Entbehrungen, unerfüllte Wünsche	»Mein Kind soll es einmal besser haben«
viele Spielnischen in Wiesen, Gärten, Vorplätzen	eingeengte, gefährdete Spielinseln

Die aktuelle Kindheit hat sich im Vergleich zu früher deutlich gewandelt, wie man in dieser Gegenüberstellung klar erkennen kann.
Wie immer, wenn sich die Umgebung eines Menschen verändert, wandelt auch er sich und passt sich an die neuen Gegebenheiten an. Diese Umstellung fällt unseren Kindern am leichtesten. Das kann jede Familie bestätigen, die schon einmal umgezogen ist und mit ansehen konnte, wie die Kinder sich schneller als die Eltern zurechtfanden, wie sie schneller neue Freunde kennen lernten oder schneller einen neuen Dialekt übernahmen.

Frau Ch. berichtet während eines Elternabends im Kindergarten:
»Ja, früher, das war schon schade. Ich wünschte mir so gerne eine richtig schöne Puppenstube. Meine Cousine hatte eine wunderbare mit kleinen Sofas, Püppchen usw. ... Sie wissen schon, mit allem, was das Mädchenherz so begehrt. Ach ja, ich hätte so gerne eine eigene Puppenstube gehabt. Ich musste mir mit selbst gebastelten Dingen zu helfen wissen.
Aber meiner Tochter habe ich dann, als sie vier wurde, zum Geburtstag eine kleine Traumvilla geschenkt. Das war nicht nur eine Puppenstube, es war die Erfüllung meiner Puppenstubenträume. Ich hatte sogar selbst tapeziert und im Fachgeschäft Möbel, Teppiche, kleines Geschirr, Mini-Lebensmittel und wunderschöne kleine Püppchen gekauft.
Die Überraschung war riesig. Unsere kleine Tochter hat sich sehr gefreut. Doch leider war ich schon kurze Zeit später tief enttäuscht, weil unsere Lisa kaum mehr mit der Puppenstube spielte. Manche Sachen gingen schnell zu Bruch, und alles war ständig durcheinander geworfen. Ich habe mir solche Mühe gegeben und keine Kosten gescheut. Wenn man bedenkt, wie viel Geld ich allein für die Möbelchen dieses zweistöckigen Puppenhauses ausgegeben habe!
Ich verstehe bis heute nicht, was da eigentlich falsch gelaufen ist!«

Ja, was ist da falsch gelaufen?

- Frau Ch. hat nicht die Wünsche ihrer Tochter erfüllt, sondern ihre eigenen unerfüllten Träume aus der Vergangenheit wahr werden lassen.

- ➤ Sie hat ihre Tochter durch ein zu großes Angebot reizüberflutet und regelrecht überfordert.
- ➤ Eltern sollten Wünsche der Kinder selbst entstehen lassen, am besten erst einmal abwarten, ob der Wunsch auch Bestand hat.
- ➤ Viele Eltern machen einen großen Fehler beim Kauf von Spielsachen: Sie kaufen
  - viel zu früh (nicht altersgemäß)
  - viel zu schnell (nicht abgewartet)
  - viel zu viel (zu große Menge).

INES (ELF JAHRE) UND IHR VERHÄLTNIS ZU GELD

»Nach der Schule gehen wir oft noch in den Spielzeugladen. Das ist einfach eine schöne Entspannung nach dem Unterricht. Ich habe schon einiges an Taschengeld und verdiene mir mit kleinen Besorgungen für die Nachbarn ein paar Euro dazu. Also kann ich es mir auch leisten, mal ein neues Kuscheltier-Anhängerchen für meinen Schulranzen zu kaufen oder auch was von den anderen Kleinigkeiten. Im Laden gibt es viele reduzierte Sachen. Manchmal bekommt man jetzt das, was letztes Jahr der letzte Schrei und ziemlich teuer war, wirklich billig.

Aus der Fernsehwerbung oder dem Comicheft weiß ich immer, was gerade neu und modern ist. Das muss ich mir natürlich genauer anschauen. Dabei kann's schon mal passieren, dass ich mir das dann auch kaufe.

Wenn ich total pleite bin, rufe ich mit meinem Handy einfach Oma an, sage, dass ich gleich vorbeikomme, und kassiere dabei so nebenbei einen Zehner.

Bei Paps läuft es auch nicht schlecht. Wenn ich mal echt traurig bin, weil meine Freundin wieder so gemein zu mir war, oder wenn ich herumjammere, was andere alles so haben, dann fragt er mich, was ich haben will.
Klar fällt mir dann immer was Tolles aus dem Laden oder 'ne CD ein.«

Ines' Mutter sieht die Situation nicht ganz so locker wie ihre Tochter. Sie fragte mich:
»Ist das richtig so? Wird unsere Tochter nicht bald allen Leuten nur noch das Geld aus der Tasche ziehen? Wird sie gar berechnen, zu wem sie freundlich ist, mit wem sie wie redet?
Und was wird aus den Kleinigkeiten, wenn sie älter wird? Kommen da nicht bald Forderungen auf uns zu, die wir nicht mehr erfüllen können?
Es sind doch nicht nur die kleinen Sachen, mit der Markenkleidung geht das Spielchen dann genauso weiter!«
Ines' Vater sieht die Sache entspannter. Er meint, dass sie sein einziges Kind sei und er doch immer noch genügend Geld nach Hause gebracht habe, um all ihren Wünschen gerecht zu werden.

Dazu ein paar Hinweise:

➤ Kinder haben heutzutage ihr eigenes Geld – Taschengeld und Arbeitseinsätze sollten nicht überzogen sein.
  - Kinder sind schon früh Verdiener. Eltern können von Anfang an Vorbilder sein, wie man sich sein Geld einteilen kann (siehe dazu das Kapitel »Über Geld redet man nicht, man gibt es aus. Oder?«, S. 76 ff.).

- Taschengeldsummen können zum Beispiel pro Schuljahr um einen halben Euro erhöht werden:
  1. Klasse: 50 Cent
  2. Klasse: 1 Euro
  3. Klasse: 1,50 Euro usw.

  Während der Grundschulzeit sollte Taschengeld zur besseren Übersicht der Kinder wöchentlich ausgezahlt werden, später kann man zu einer monatlichen Zahlung übergehen.

➤ Kinder werden gezielt beworben – sie sind die zukünftige Kundschaft.
- Darauf müssen Eltern reagieren, indem sie ihren Kindern vermitteln, dass die Werbung von ihnen etwas »will«.
- Werbebotschaften sollen gezielt mit den Kindern hinterfragt werden: Stimmt das, was die Werbung mir verspricht? Was bekomme ich für mein Geld?

➤ Geschenke, Süßigkeiten oder Geld sollten niemals ein Trostpflaster für erlittene Entbehrungen, Probleme, körperliche Wehwehchen oder fehlende Zeit sein. Sie sind Ersatzbefriedigungen, die bleiben, was sie sind: ein billiger E*rsatz*, der die wirklichen Bedürfnisse nur kurze Zeit verdeckt. Sehr bald verlangt eine solche Situation nach weiteren Ersatzbefriedigungen – und so kann Suchtverhalten im Kleinen beginnen!

➤ Ziehen Sie bei den Wünschen Ihrer Kinder die Bremse! Nicht zaghaft, sondern aus Überzeugung!

➤ Machen Sie sich und Ihrer Familie in einer gemeinsamen Diskussion klar, was Sie einkaufen oder anschaffen wollen und was nicht!
- Der Partner sollte dieser Regelung unbedingt zustimmen, sonst werden Sie unterlaufen (und das in den eigenen Reihen!).

– Abmachungen und Zusagen beziehungsweise Grenzen müssen von beiden Elternteilen eingehalten werden. Nur dann nehmen Ihre Kinder Sie ernst und akzeptieren, dass es dies oder das eben nicht gibt!

»Hast du etwas Zeit für mich, singe ich ein Lied für dich ...« Frau A: »Mein Mann hat nie Zeit für uns – alle Probleme bleiben an mir hängen!«

Wie viele Frauen haben Diskussionen an den Vortragsabenden mit dieser Aussage begonnen? Es waren zahlreiche!
Frau A. führte ihre Situation folgendermaßen weiter aus: »Vor allem abends, wenn mein Mann müde vom Arbeiten heimkommt, geht es bei uns zu Hause besonders brisant her. Meistens habe ich mit dem Großen ständig dieselben Probleme mit der Hausaufgabe und dem Lernen, und dann noch der Kleine:
Als ob er es nicht besser wüsste, kam er vor kurzem in diesen Momenten immer mit dem Wunsch nach einem Pokemonspiel, das er sich erhandeln wollte. Natürlich versuchte er besonders meinen Mann zu bearbeiten, denn bei mir hatte er schon auf Granit gebissen. Vor allem hatten wir ganz andere Hühnchen miteinander zu rupfen. Letzte Woche erst wurde ich von einer anderen Mutter darauf angesprochen, dass unser Kevin die Sammelkarten eines anderen Kindes eingesteckt hatte. Dazu

kam, dass ich von der Erzieherin hörte, unser Sohn sei immer so unkonzentriert.
Über diese Nachrichten machte ich mir große Sorgen. Am liebsten hätte ich sie mit meinem Mann geteilt, aber er kommt wie gesagt immer so spät nach Hause und hat seinen Kopf dann woanders. In solchen Momenten wünschte ich mir schon mehr Teilnahme an der Kindererziehung.
Im Schnellverfahren hat dann unser jüngerer Sohn Kevin meinen Mann überredet, ihm das Geld für das Pokemonspiel zu geben. Wahrscheinlich hatte er nur das Gequengel satt.
Das Beste an der Sache war dann, kaum dass wir das Spiel gekauft hatten, ein neues Erlebnis meines Sohnes, welches ganz andere Wünsche in ihm geweckt hat:
Der Vater unseres Nachbarkindes hatte schlichtweg ›Nein‹ zum gleichen Wunsch seines Sohnes gesagt. Zuerst sah es also aus, als ob Kevin mehr ›Glück‹ gehabt hätte. Doch dann wurde er vom Nachbarsjungen zum gemeinsamen Baumhausbau mit dessen Vater eingeladen. Drei Samstage bauten sie an einem echten Traum-Baumhaus. Danach kam Kevin mit der Erkenntnis nach Hause: ›Mensch, Mama, das ist echt toll. Marius' Papa hat das ganze Baumhaus mit uns gebaut. Morgen ist Einweihung! Ich wünschte mir so sehr, dass Papi auch mal Zeit hätte, mit uns ein Baumhaus zu bauen.‹«

Wer von den beiden Jungs hat mehr von der Erfüllung seiner Wünsche? Solche Beispiele erlebe ich in meinem Umfeld immer wieder. Ich frage mich, ob es nicht sinnvoller wäre, statt Geldsummen Zeit in unsere Kinder zu investieren?!
Ich bin überzeugt, die Kinder entwickeln sich besser,

wenn wir ihre wahren Bedürfnisse nach Nähe erfüllen, anstatt uns auf die immer gleichen Geschichten von Modegeschenken einzulassen.

> ***Schenkt euren Kindern Zeit statt Geld! Es ist die bessere Investition.***

Ich weiß, dass es bereits viele »neue Väter« gibt, die versuchen, ihre Berufstätigkeit mit der Familie und deren Ansprüchen zu vereinbaren. Es gibt sie auch, die Hausmänner, die sich um das Wohl der Familie kümmern. Doch es gibt leider auch noch viele Familien, in denen sich die Frauen mit der Erziehung und den Problemen der Kinder allein gelassen fühlen. Ich nenne sie die Alleinerziehenden mit Trauschein. Um das zu verhindern, sollten die Vereinbarungen über eine gleichberechtigte, partnerschaftliche Kindererziehung spätestens zu Beginn der Elternschaft besprochen und ausgehandelt werden.

In vielen Fällen entwickelt sich der Partner im Laufe der Zeit zu einem vorbildlichen, engagierten Familienvater. Einige Väter bringen die Bereitschaft dazu von sich aus mit. Doch wir können ohne Gespräche und Offenlegung der Erwartungen nicht davon ausgehen, dass sich eine Paarbeziehung ohne größeres Zutun in eine gleichberechtigte Elterngemeinschaft verwandelt. Dazu hätten wir bessere Vätervorbilder gebraucht, die es in der Vorgeneration nur selten gab.

»Ich will ja nur dein Bestes!« Von der Verwöhn-Oma, der gestressten Halbtags-Arbeitnehmer-Mutti und den lieben Nachbarn

Das Bild der Großfamilie mit Enkelkindern, Kindern, Eltern und Großeltern unter einem Dach existiert in der Regel schon seit einigen Jahrzehnten nicht mehr.
Inzwischen sind berufstätige Mütter eher der Normalfall. Die meisten Frauen versuchen den Spagat von Haushalt, Kinderbetreuung und Beruf mit einer Halbtagsberufstätigkeit beziehungsweise Teilzeitbeschäftigung zu überbrücken. Die Betreuungs- und Arbeitszeiten sind dank Kindergarten und Schule oft gut aufgeteilt, doch zehrt diese Doppelbelastung häufig an den Kräften und Nerven der Mütter. Zumal es heutzutage auch nicht mehr selbstverständlich ist, die modernen, ebenfalls oft noch berufstätigen oder aktiven Großeltern mit in die Kinderbetreuung einzubeziehen. Deshalb entsteht bei berufstätigen Eltern ein besonders tückisches Spannungsfeld.
Oft habe ich Mütter und Väter erlebt, die augenscheinlich unter Zeitnot ihre noch müden, quengeligen oder trödelnden Kinder termingerecht in der Tageseinrichtung abliefern mussten. Durch das immer drohende Zuspätkommen (dieses Gefühl kann ich jedem Elternteil nachempfinden, ich hatte diese Situation auch jahrelang an bestimmten Tagen) schleichen sich nicht nur manche Kompromisse, sondern auch regelrechte Erpressungsversuche von beiden Seiten ein:
»Wenn du heute lieb bist, bekommst du wieder was beim Bäcker, wenn ich dich am Nachmittag abhole!«

oder: »Mama, ich will aber nicht! Bringst du mir wieder was miiit?«
»Krieg ich wieder Kaugummi?« »Ja, Hauptsache, du machst jetzt endlich hin, sonst komm ich noch zu spät.«
Ich kenne Kinder, die allein wegen dieser morgendlichen Situation auf einem täglich höher werdenden Süßigkeiten- und Krimskramsberg sitzen.

»Was soll ich denn tun, sie pariert doch nicht?«, fragte mich eines Morgens eine besonders geplagte Mutter.

- ➤ Lassen Sie sich von Ihren Kindern nicht unter Druck setzen.
- ➤ Wenn es sein muss, stehen Sie lieber eine halbe Stunde früher auf.

- Besprechen Sie Ihr Zeitkontingent und vereinbaren Sie mit dem Kind, es zu verabschieden, um dann auch wirklich zu gehen.
- Keine unnötigen Versprechungen oder Süßigkeiten mehr! Lieber vereinbaren Sie schon zu Hause eine schöne halbe Stunde mit Vorlesen, Kuscheln oder was Sie sonst gerne miteinander tun!

Frau M. erzählt von ihrer Schwiegermutter:
»Wissen Sie, Frau Braun, mit den guten Vorsätzen hapert es bei mir und meinem Mann nicht. Wir versuchen uns trotz Berufstätigkeit sehr bewusst mit dem Konsum unserer Kinder auseinander zu setzen und eben nicht alles gleich zu erlauben und zu kaufen. Aber wenn da nicht meine Schwiegermutter wäre ...«
Im Nu waren an einem Vortragsabend in der Volkshochschule mindestens zwei Drittel der Anwesenden damit beschäftigt, ernsthaft zu nicken, zu stöhnen oder eine besonders störende Situation im Konsumkampf mit den Großeltern zu erzählen.
Es vergeht kein Vortrag, an dem nicht über die Großeltern, die Tanten und Onkel oder die netten Nachbarn erzählt wird. Jedes Mal ist die Situation ähnlich: vernünftige Eltern, die eigentlich wissen, was sie für ihre Kinder gut finden und was nicht, die den richtigen Mittelweg eingeschlagen haben – aber Verwandte oder Bekannte, die nicht derselben Meinung sind und versuchen, sich bei ihren meist kurzen Besuchen die Zuneigung der Kinder zu »erkaufen«.
In jeder Nachbarschaft gibt es nette ältere Leute, die auch schon in der Zeit meiner Kindheit ein Rippchen Schokolade verschenkten. Selbst solche Kleinigkeiten haben sich oft in wahre Mitbringrituale verwandelt.

Herr und Frau U. verdeutlichen, wie unzufrieden sie mit der Besuchssituation durch die Großeltern sind:
»Die Eltern meiner Frau besuchen uns im Jahr drei- bis viermal. Egal, ob sie uns anlässlich eines Geburtstages besuchen oder einfach so, eine Menge Geschenke für die Kinder sind immer dabei. Leider gibt es dabei oft Fehlkäufe oder Dinge, die wir bereits haben. Einige Male packten wir wahre Ramschprodukte aus und in manchen Fällen überstieg der finanzielle Rahmen weit den Betrag einer kleinen Aufmerksamkeit.
Für uns Eltern ist das ein wirkliches Problem, denn die Kinder haben inzwischen eine richtige Erwartungshaltung. Wir haben schon das Gefühl, dass sie genau berechnen, jetzt kommen Oma und Opa. Diese Geschenke und der Geldsegen machen unsere ganze Überzeugung und unseren normalen Alltag zunichte. Uns wäre es lieber, sie brächten wenig oder gar nichts mit und würden einfach nur bei uns sein!«

Warum wollen Großeltern und Verwandte ihre Liebe und Freude über die Kinder nur so produktorientiert demonstrieren ...?!
Sie haben jedoch Möglichkeiten, die Mitbringwut« der Verwandten in sinnvolle Bahnen zu lenken:

- Führen Sie ein Grundlagengespräch, warum Sie selbst bestimmen wollen, was Ihr Kind geschenkt bekommt und was nicht (siehe Kapitel »Der Tag, an dem Tante Ilse Bescheid bekam ...«, S. 64 ff.).
- Schaffen Sie Mitbringgeschenke ab mit der Bitte: Bringt den Kindern lieber eure Zeit und Aufmerksamkeit mit (zum Beispiel Buch vorlesen, Tischspiel spielen etc.).

➤ Weisen Sie liebe Nachbarn nett darauf hin, dass Geschenke unter Nachbarn nicht nötig sind.

Zum Schluss dieses Kapitels muss ich noch eine Lanze für die modernen Großmütter und -väter brechen. Ich durfte sie oft schon an Vortragsabenden begrüßen und kann berichten, dass sie einiges von ihren unvernünftigen Kindern, Schwiegersöhnen und -töchtern erzählten. Sie waren gekommen, um genug Argumente im Kampf gegen die Konsumspirale zu sammeln!

»Sag mir, wo die Blumen sind!«
»Spielplatz« Kinderzimmer

Wir hören und sehen es im Fernsehen immer wieder – Kinder werden vermisst, misshandelt, verschleppt oder kommen in schlechte Gesellschaft.
Angesichts vieler angsteinflößender Faktoren und Gefahren von außen wäre es vielen Eltern am liebsten, ihre Kinder gingen gar nicht mehr vor die Haustür. Doch ist dieser Wunsch nicht nur utopisch, sondern er hemmt regelrecht die Entwicklung der Kinder. Sie brauchen Bewegung, Außenkontakte, Spiele auf der (Neben-)Straße, im Hinterhof oder in den Wiesen. Sie wollen Abenteuer und Herausforderungen. Ihr Körper braucht frische Luft und freies Spiel.
Leider werden die Spiel-Plätze zur ungehemmten Bewegungsentfaltung immer kleiner. Wen wundert es da, dass Eltern und Kinder sich auf den »Spielplatz Kinderzimmer« einigen! Hier kann nichts passieren, ist alles unter Kontrolle, kann sich keiner wehtun.

Wenn man aber in so manches Kinderzimmer hineinschaut, muss man sich ernsthaft fragen, wer hier noch alles unter Kontrolle hat.

Frau B. (Großmutter von Lena, drei Jahre) berichtet:
»Ich weiß, dass ich so nicht reden sollte, aber ich finde, es wird einfach zu viel. Im Kinderzimmer von unserer kleinen Lena hat sich wirklich zu viel angesammelt. Wir können einfach nichts wegwerfen.
Wissen Sie, wir wohnen alle unter einem Dach, es ist genug Platz für zwei Familien in unserem Haus. Lena ist bisher unser einziges Enkelchen. Sie bekommt alle ihre Wünsche erfüllt. Doch nachdem sich das arme Kind kaum mehr in seinem Zimmer bewegen kann und auch gar keine Lust mehr zum Spielen hat, denke ich, dass wir da irgendetwas falsch gemacht haben.«
Ich entgegne Frau B., dass ich mir schon vorstellen kann, warum Lena nicht mehr so konzentriert und begeistert spielt wie früher: Mit der Menge an Spielsachen kommt auch die Übersättigung.

Wer schon alles hat,

- ***wird kaum Kreativität entfalten, um Neues zu erschaffen, denn alles ist schon vorhanden.***
- ***wird den Wert eines bestimmten Spielzeuges nicht sehr hoch einschätzen, denn er besitzt einen Ersatz dafür.***
- ***wird in seinen Sinnen bald überfordert und ist schneller unkonzentriert das heißt spielt weniger ausdauernd.***

Wenn man einmal überlegt, mit welchen Eigenschaften ausgestattet junge Erwachsene später ins Leben gehen sollen, fragt man sich, wie unsere heutigen Kinder, welchen es (materiell) an nichts fehlt, das nötige Durchhaltevermögen, die Kreativität und Wertschätzung lernen sollen.

Sie wissen sicher, wie der ideale Mitarbeiter nach Ansicht der Personalchefs beschaffen sein soll: innovativ, kreativ, sozial im Team, zuverlässig und ausdauernd.

Doch wie soll ein Kind, das ein Barbiehaus, fünf Barbies, ein dazugehöriges Auto, 30 Kleidungsstücke, ein Pferd und den schicken Barbiecamper besitzt, noch Kreativität entwickeln wollen, wenn es dazu überhaupt keine Veranlassung sieht?

Im Vergleich dazu mein »Barbiekonsum«:

Ich bekam eine Barbie mit nur einem Kleid, das sie zum Zeitpunkt des Kaufes auf dem Leib trug, sonst nichts. Das Barbiehaus wurde aus Kartons und Lego hergestellt. Kein Stofffetzen oder Taschentuch blieb unbehelligt und wurde sofort nach seiner Entdeckung von mir und meinen Schwestern in Kleidchen, Umhänge etc. verarbeitet. Unsere Abenteuer spielten sich mithilfe unserer Fantasie in den Köpfen ab. Dazu brauchten wir kein Fanmagazin oder weiteres Zubehör.

Was wir brauchen:
Freiheit in den Köpfen unserer Kinder, dafür weniger Spielzeug im Kinderzimmer.

Auf diese Aussage hin fragt Frau B.:
»Wie sollen wir das denn erreichen? Wir haben nun mal sehr viele Spielsachen, deshalb kann ich sie dem Kind doch nicht wegnehmen oder alles rauswerfen? – *Wie kann ich das Spielzeug im Kinderzimmer reduzieren?*«

- Sie können mit den Kindern darüber reden, dass Sie festgestellt haben, dass viel zu wenig Platz zum Spielen ist.
- In jedem Kinderzimmer befinden sich Spielsachen aus vergangenen Entwicklungsepochen. Diese können Sie gemeinsam wegpacken und auf dem Dachboden oder im Keller aufbewahren. Das gilt auch für aktuelleres Spielzeug, welches kaum mehr benutzt wird. *Kleinere* Mengen von Spielmaterialien im Kinderzimmer reichen aus!

Eine ausführliche, praxisorientierte und bereits erprobte Methode, ein Zuviel an Spielsachen wieder zu reduzieren, erfahren Sie im später folgenden Kapitel »Das spielzeugreduzierte Kinderzimmer – eine Anleitung zum Glücklichsein« (S. 92 ff.).

SITUATION FREIZEIT

Mein Kind als Jäger, Sammler und Fernseh-zuschauer – Pokemon, Harry Potter & Co.

Die Urmenschen, unsere frühen Vorfahren, waren Sammler und Jäger. Bei jedem von uns ist ein wenig davon hängen geblieben. So auch bei unseren Kindern. Wenn man genau darüber nachdenkt, wird gerade in der Kindheit besonders gerne gesammelt, verwahrt, gehortet und dann mit Besitzerstolz präsentiert.
Die berühmten Sammel- und Fleißbildchen sind seit Generationen bekannt und verfehlen nie ihre Bestimmung oder ihren Reiz. Früher waren es die Belohnungsbildchen der Lehrer, die Märchenklebebilder für das Sammelalbum oder das Klebealbum zur Fußballweltmeisterschaft. In der Gegenwart wurden nur die Themenbereiche ausgewechselt. Die Filmabenteuer von Walt Disney machten den Anfang, dann kamen Pokemon und Harry Potter.
Raffinierter, zielgerichteter, organisierter und wesentlich rentabler vorbereitet und durchgeführt, können die Firmen mit dem so genannten Merchandising (ein Film steht am Anfang der Werbekette, dann werden T-Shirts, Tassen, Bettwäsche, Sammelbildchen, Videospiele etc. weitervermarktet) ihre Zielgruppen umfassender erreichen und bedienen.

Herr M. klagt auf dem Elternabend in einer Grundschule sein Leid:
»Ich bin der Meinung, dass meine beiden Kinder restlos überrollt werden von diesen Pokemonsachen. Ganz harmlos hat alles mit der Fernsehsendung angefangen. Jeden Tag saßen meine vierjährige Tochter und der zehnjährige Sohn vor dem Fernseher.

Dann wurde nur noch über diese Filme und die Helden geredet. Danach kam noch Digimon dazu. Auf diese Weise verbrachten die beiden eine Menge Zeit vor dem Fernseher. Ganz allmählich beherrschte diese Sache das gesamte Denken unserer Kinder. Da gab es Spielfiguren, Gameboyspiele, Brettspiele usw.
Am schlimmsten traf uns dann aber die Harry-Potter-Welle. Unser Großer hatte zu unser aller Freude schon zwei der Bücher gelesen. Für gewöhnlich kann man ihn nur sehr schwer zum Lesen motivieren. Als dann der Kinofilm zu einem Massenandrang und einem riesigen Angebot an Harry-Potter-Sammelkarten, Lego-Themenpackungen, T-Shirts usw. führte, war es um unsere beiden Kinder endgültig geschehen. Vom ausklappbaren Flugbesen bis zum Harry-Potter-Spiel musste alles gekauft werden. Ich ärgerte mich besonders darüber, denn selbst ›normale‹, vernünftige Leser wurden jetzt werbetechnisch eingelullt.«

Eine Lehrerin berichtet, wie eine Privatschule mit dem Modetick ihrer Schüler umging:
»In unserer Grundschule wurden die damals so beliebten Diddl-Mäuse und das ganze Drumherum ab einem bestimmten Zeitpunkt in der Schule verboten!
Uns Lehrern und manchen Eltern hat es gereicht. Wir konnten nicht mehr mit ansehen, wie die Kinder wetteiferten, wer den netteren und neueren Diddl-Bleistift hatte. Sie bekamen zum Geburtstag nur noch Schreibutensilien, Bettwäsche, Gläser von dieser Mäusemarke. Manche Kinder wurden gar verhöhnt, weil sie diesen Modetrend nicht mitmachten. Darum beschlossen wir, das ganze Sammelsurium von der Schule zu verbannen. Das haben wir dann auch ganz schnell durchgesetzt.«

Zu dieser Aktion ist zu sagen, dass ich Kinder aus dieser Schule kennen gelernt habe, die selbstverständlich nicht sehr begeistert von dieser Verordnung waren. Sie konnte die Begeisterung für diese Dinge jedoch nicht eindämmen, und der Austausch fand fortan heimlich, unter Ausschluss der Lehreraugen, statt.

WIE GEHT MAN AM BESTEN MIT MODE-, SAMMEL- UND HABEN-TRENDS UM?

Spielzeugtrends kommen und gehen. Es wird sie immer geben. Wichtig ist:
Verbieten Sie das Spielzeug den Kindern nicht, dadurch würde es noch interessanter werden. Streben Sie lieber einen sinnvollen Umgang und ein normales Maß an.

- Machen Sie den Kindern verständlich, dass sie nicht weniger liebenswert sind, wenn sie keine riesigen Mengen von ihrem Lieblingsmodespielzeug besitzen. Sie stärken damit ihr Selbstbewusstsein.
- Setzen Sie finanzielle Grenzen: Mit dem Taschengeld können die Kinder ihre Wünsche uneingeschränkt umsetzen, bei weiteren Geldforderungen setzen Sie jedoch klare Grenzen.
- Wenn Ihr Kind zu stark auf ein bestimmtes Modespielzeug fixiert ist, versuchen Sie dadurch einen Ausgleich zu schaffen, dass Sie dem Kind andere Spielwaren wieder etwas mehr vermitteln.
- Dazu brauchen Sie natürlich auch Zeit, um mit Ihrem Kind zu spielen.

POKEMON, DIGIMON & CO.

Heutzutage dreht sich die Konsumwelt gleichzeitig um Kaufen und Fernsehschauen. Durch die Beispiele Pokemon und Digimon wird uns dies deutlich demonstriert. Viele Eltern fragen sich, wie sie mit diesem Medium umgehen sollen:
Was ist erlaubt und »gut«, und was könnte eventuell sogar entwicklungshemmend sein?
Andere Eltern überlassen dieses Feld ganz den Wünschen ihrer Kinder. Dies ist auch viel praktischer, weil das Neinsagen wesentlich schwieriger und zeitaufwendiger ist als das Gewährenlassen. In nicht wenigen Haushalten erfüllt der Fernseher einen besonders praktischen Effekt: Er ist Lückenfüller, Ruhigsteller und Babysitter: »Da weiß ich wenigstens, wo mein Kind ist. Da kommt es nicht in schlechte Gesellschaft oder wird vielleicht sogar entführt«, antworten diese Eltern gern. Interessanterweise gibt es übrigens bei den so genannten Vielsehern (Kinder und Erwachsene, die mehrere Stunden täglich vor dem Fernseher verbringen) kein Stadt-Land-Gefälle: Da wie dort habe ich im Laufe meiner Vorträge immer wieder andere Argumente gehört, warum Kinder so viel fernsehen dürfen.

Frau M. stellt eine Frage, die viele Eltern bewegt:
»Meine Tochter Lena, fünf Jahre alt, ist so friedlich, wenn sie vor dem Kinderprogramm sitzt. Sie lernt dabei viel. Was kann denn daran schädlich sein?«
Nun, eine ganze Menge:

- Kinder, die viel vor dem Fernseher sitzen, sind reduziert auf das Hören und Sehen. Sie sitzen zu

lange, haben zu wenig Bewegung und keine Zeit zum Sprechen.

- Wissenschaftliche Untersuchungen haben ergeben, dass Kinder, die viel fernsehen, eine wesentlich schlechtere oder gestörte Sprachentwicklung haben.
- Durch die schnellen Bildschnitte und die vielen Bilder erleben Kinder eine permanente Reizüberflutung, was wiederum zu Konzentrationsstörungen führt.
- Die Inhalte der Sendungen sind nicht immer entwicklungsgemäß, sie überfordern somit das Verständnis der jungen Zuschauer.
- Die ständigen Werbeblöcke vermitteln unseren Kindern ein falsches Bild von der Welt, sie »lullen« sie ein und wecken unzählige neue Wünsche – und verstärken damit die Konsumspirale.
- Die Werbung zielt ihren Pfeil genauestens ausgeklügelt auf die Kinder ab. Dieser sitzt so früh und tief,

dass heutige Kinder auch in der Zukunft genau an die entsprechende Automarke und Kaffeesorte denken werden – wenn man so will, eine Manipulierung!

In der Diskussion, die diese Sätze hervorrufen, überlegt Frau I.: »Wie sollen wir unseren Kindern denn das Fernsehen wieder abgewöhnen? Da machen die uns ordentlich Zauber! Ich kann doch nicht von heute auf morgen alles verbieten?!«
Doch, Sie können den Fernsehkonsum einfach neu verhandeln:

Wo ist hier der Ausschaltknopf?

Der magische Ausschaltknopf wird von unseren Kindern leider sehr vernachlässigt. Eine Veränderung der Fernsehgewohnheiten kann aber nur erfolgreich sein, wenn nicht nur Sie der Meinung sind, »Genug ist genug!«, sondern auch Ihr Partner.
Es gibt nichts Schwierigeres, als wenn ein Elternteil etwas Neues durchsetzen will, der andere aber nicht dahinter steht. Ihre Kinder würden das sehr bald herausfinden, die Schwachstelle aufspüren und sie ausnutzen.

➤ Als Erstes müssen neue Verhandlungen und Vereinbarungen mit kurzen Argumenten (je nach Alter) besprochen werden.
➤ Vor allem zu Beginn der Fernsehreduzierung sollten sinnvolle Alternativen (zum Beispiel Spiele machen,

im Freien spielen etc.) angeboten werden und gegebenenfalls selbst unterstützt werden.

- Sender mit Werbeeinblendungen sollten entweder vermieden werden oder per Videorekorder »ausgeschaltet« werden.
- Eltern sollten sich manchmal Werbung mit ihren Kinder zusammen anschauen und spielerisch »auseinander nehmen«: Was erzählen die uns? Kann das Produkt wirklich diese Träume wahr werden lassen? Was bekomme ich für mein Geld? Wo stimmen Werbebotschaften nicht?
- Haben Sie gewusst, dass Kinder etwa bis zu ihrem fünften Lebensjahr zwischen einem Film und einer Werbeeinblendung nicht unterscheiden können?
- Handeln Sie ein bestimmtes Fernsehkontingent für jedes Kind aus und halten Sie es genau ein.
- Überlegen Sie genau, welche Sendung für Ihr Kind entwicklungsgemäß ist.
- Überprüfen Sie, ob so genannte Familiensendungen Kinder nicht ängstigen oder überfordern.
- Fernsehentzug als Strafe oder zusätzliche Fernsehstunden als Belohnung sollten Sie unbedingt vermeiden: Diese Maßnahmen verstärken die Wertigkeit des Mediums!
- Wichtigstes Vorbild sind die Eltern: Wenn sie stundenlang vor der »Glotze« sitzen und konsumieren, wie sollen Ihre Kinder dann einen anderen Weg einschlagen?

»Computer sind einfach geil!«

So spricht mein siebenjähriger Sohn schon seit zwei Jahren. Dieses neue Kommunikationsmedium mit all seinen Möglichkeiten hat nicht nur ihn fasziniert, sondern eine ganze Generation.
Woran liegt es, dass Kinder so begeistert von einem Gerät sind, das – zumindest für manchen erwachsenen Neueinsteiger – recht kompakt und kompliziert ist? Ich denke, es sind dieselbe Faszination und der Entdeckertrieb eines jeden Kindes, die es zum Beispiel ein Auto auseinander nehmen lassen, nur um zu schauen, ob und wie das ganze Gebilde funktioniert. Ich spürte dieses Interesse selbst als Kind, als ich wissen wollte, was sich hinter den Schlafaugen meiner Puppe verbarg, und ich mit einem Löffelchen versuchte, sie herauszuholen.
Dieser Trieb ist wenigstens eine Erklärung für die Begeisterung und das Bedürfnis vieler Kinder, sich mit dem Computer und allen anderen technischen Medien zu beschäftigen.

Während einer heftigen abendlichen Diskussion stellt mir Frau W. folgende Frage:
»Wir wollen unseren Kindern den Umgang mit dem Computer erlauben. Ihre gesamte Zukunft wird von diesem Medium begleitet. Das ist nun mal so! Doch verlieren wir im Moment den Überblick, wie viel Zeit sie vor dem Computer, dem Fernseher und im Internet verbringen. Ein Gameboy kommt auch noch dazu.«
Wie viel Zeit dürfen die Kinder damit verbringen, ohne Haltungsprobleme oder andere Schäden davonzutragen? Um diese Frage zu beantworten, möchte ich für die Leser etwas weiter ausholen.

Frau W. beurteilt die Bedeutung des Computers ganz richtig. Auch wenn sich die Pädagogen und Verfechter der alten Erziehungskulturen dagegen wehren: Die Tatsache bleibt bestehen, dass der Computer schon bald ein völlig normaler Gebrauchsgegenstand in der Grundschule oder im Kindergarten sein wird. In der heutigen Zeit werden die Kinder im Rahmen des Bildungsauftrages mit einem Gegenstand vertraut gemacht, der sie in ihrem zukünftigen Leben überall begleiten wird.
Deshalb können und sollten wir die Kinder nicht unter eine Käseglocke stellen und sie vor dem »Teufelszeug« schützen, sondern ihnen den richtigen Umgang und vor allem das richtige Maß im Umgang beibringen. Dieses Maß immer im Blick zu haben ist gar nicht so einfach, wenn die lieben Kleinen so manche Anschaffung besitzen und auch anwenden.
Trotzdem: Der Umgang mit den neuen Kommunikationsmedien ist auch eine Bereicherung. Wir können sie zur Wissenserweiterung, zum Lernen neuer Lerninhalte und Sprachen sowie zur (sinnvoll eingesetzten) Freizeitgestaltung nutzen. Der Computer mit seinen Angeboten wie Internet, Schreib-, Grafik- sowie den Edutainment-Programmen (Lernen und Unterhaltung sind darin miteinander verbunden) kann eine interessante Möglichkeit sein, Kinder zu neuen Wissensinhalten zu motivieren. Dabei ist es ihnen möglich,

- kreativ (malen, gestalten, erfinden),
- interaktiv (zusammen mit anderen Kindern am Gerät oder durch das Gerät/Internet),
- konzentriert (Konzentrations-, Ausdauer- und kognitive Förderung) sowie
- eigenmotiviert und spielerisch zu lernen.

Wenn man sich diese herausgehobenen Stichpunkte anschaut, muss eigentlich jeder Pädagoge sagen: So lernt ein Kind optimal!
Doch birgt der Umgang mit dem Computer auch etliche Gefahren in sich, wenn er falsch oder übermäßig eingesetzt wird. Es gibt eine Vielzahl von ungeeigneten CD-ROMs und DVDs und auch im Internet gibt es für Kinder genügend nicht entwicklungsgemäße und unseriöse Anbieter.

WAS MÜSSEN ELTERN BEACHTEN, WENN KINDER DEN COMPUTER DER ELTERN MITBENUTZEN?

- Kinder bis zum Ende des Grundschulalters brauchen noch keinen eigenen Computer im Kinderzimmer. Eltern haben die Nutzung des Familiencomputers dadurch auch besser im Griff.
- Vor dem vierten Lebensjahr halte ich persönlich einen Computereinsatz für nicht angebracht.
- Bei Kindern im Kindergartenalter sollten Eltern vor allem zu Beginn des Edutainment-Programmes immer dabeibleiben, erklären und unterstützen. Weiterhin sehen sie dabei auch, ob dieses Programm für den Wissensstand ihres Kindes geeignet ist.
- Bei den Kinderprogrammen sollten Sie immer auf die angegebene Altersempfehlung achten.
- Bei älteren Kindern können Sie zur Begrenzung der Spiel- und Lernzeit einen Wecker oder eine Küchenuhr als akustisches Signal aufstellen.
- Diese Zeiten am Computer sollten täglich nicht überschritten werden:

- Kindergartenkinder: 20 bis 30 Minuten
- Grundschulkinder: eine Stunde
- Kinder ab elf Jahren: eineinhalb Stunden

➤ Der Augenabstand Ihres Kindes vom Bildschirm sollte 80 Zentimeter betragen.

➤ Kinder sollten die Scheibe des Monitors nie anfassen.

➤ Kinder ab ca. sieben, acht Jahren können unter Aufsicht ihrer Eltern ins Internet gehen.

➤ Interessant für Grundschulkinder ab der 3. Klasse ist eine (eigene) E-Mail-Adresse; damit kann Lese- und Schreibförderung spielerisch betrieben werden (zum Beispiel E-Mails unter den Klassenkameraden verschicken oder moderne Art der Brieffreundschaft).

➤ Kleine Briefe, Referate und Einladungen können in verschiedenen Schriftformen von Kindern je nach Interesse umgesetzt werden (viele Lehrer unterstützen dies).

➤ Wenn Ihr Kind täglich fernsieht *und* den Computer benutzt, sollte es in der Regel eine Zeit von
- eine halbe bis eine Stunde (Kindergartenkind)
- eineinhalb bis zwei Stunden (Grundschulkind) nicht überschreiten.

Am Ende des Buches finden Sie einige Literaturhinweise zum Thema Edutainment-Programme und Internetseiten für Kinder.

Gameboy & Co.

»Mein Sohn wollte zum Geburtstag einen Gameboy haben. Nur einen Gameboy und sonst gar nichts. Er versprach nie wieder zu nerven, immer schön die Hausaufgaben zu machen und ein ganz glückliches, liebes Kind zu sein.

Was er nicht versprach – und deshalb auch nicht hielt –, war, den Gameboy zufrieden nach einer ganzen Weile des Spielabenteuers wieder wegzulegen. Wenn ich ihn dazu aufforderte, hörte ich ein mürrisches ›Gleich doch‹, oder ›Nicht mitten im Kampf‹. Daraufhin spielte er weiter wie bisher.

Jedes Mal, aber auch jedes Mal kam es dann nach einigem Hin und Her zu einem Mordskrach!«, erzählt Frau E.

Viele Familien kennen diese Situation im Umgang mit dem Spielgerät. Immer ist es die gleiche Situation, jedes Mal gibt es einen Kampf um das richtige Maß. In anderen Familien vergessen die Eltern, ebenso wie die Kinder, leicht auch die Zeit. In diesen Fällen sitzen Kinder und Jugendliche Stunden davor.

Vor allem bei den Videospielkonsolen sind auch Spiele erhältlich, die wegen der blutigen Szenen und der Gewalt inhaltlich zudem nicht für Kinder geeignet sind.

Nun kann man sich der Faszination dieser Spielstationen kaum entziehen. Besonders der Gameboy passt bequem in jede Tasche und begeistert durch seine netten Spielhelden. Aber wie können Sie als Erziehende dem ständig wachsenden Bedürfnis nach den immer gleichen Spielen im kleinen Kästchen etwas Einhalt gebieten?

- Kein Kind braucht alle Spiele, die es auf dem Markt gibt. Drei bis vier Spiele reichen für den Spielkonsum aus – lieber leiht man sich gegenseitig etwas Neues aus.
- Führen Sie feste Zeiten ein, wann und wie lange Gameboy oder Playstation gespielt wird.
- Bedenken und besprechen Sie, dass Ihr Kind wahrscheinlich Fernsehzuschauer und Computerspieler ist. Rechnen Sie die Zeiten zusammen.
- Ein Benutzungsvorschlag für den Gameboy oder andere Videospielkonsolen:
  - Kindergartenkind: 20 bis 30 Minuten; Spieldauer: alle zwei Tage
  - Schulkinder : 45 Minuten; Spieldauer: alle zwei Tage

Ich will cool sein!

Das ist ein Satz, den ich schon in meiner Pubertät gesagt hätte, wenn es das Wort »cool« damals bereits gegeben hätte. Cool sein heißt toll sein, dem Zeitgeist entsprechen, modern und bei den anderen beliebt sein. Es bedeutet auch Markenklamotten, Handy, bestimmte Gegenstände gewisser Marken (zum Beispiel den Rucksack der Firma ...), trendige Sportarten und Hobbys zu haben.

Im Kindergarten fängt es ganz harmlos, aber geradlinig damit an, dass die Mädchen ihre schicken silbernen Sandälchen oder ihren bestimmten Markenpuppenbabysafe mitbringen. Die Jungs fallen besonders durch ihre Pokemonleidenschaft und ihr dem aktuellen Kinofilm nachempfundenes T-Shirt auf. Auch völlig überteuerte Fußballtrikots von besonders beliebten und erfolgreichen Fußballklubs sind ein Hingucker.

In der Grundschule sind es die speziellen Hosen und Shirts der »Marke Sowieso«, der Gameboy oder das Kickboard. In diesem Alter kann der Freizeittrendsetter schon mit regelmäßigen Kino- und McDonald's-Besuchen aufwarten. Computerkurse und die neuesten CDs sind ebenso selbstverständlich. Häufig wird nicht lange gezögert, und Kinder bekommen im Alter von zehn Jahren ihr eigenes Handy und eine ordentliche Stereoanlage aufs Zimmer. – »Konsümchen lässt grüßen«, sagt meine Freundin immer.

Der ganzen Sache vorweg stehen die Eltern. Oft ist der Lifestyle der Erwachsenen die Orientierungslinie der Kinder. Die Einstellung der Eltern zum Konsum lässt die Kinder entweder gewähren oder gebietet Einhalt.

Viele Kinder identifizieren sich über das, was sie haben, nicht mit dem, was sie sind. Häufig wird das fehlende Selbstwertgefühl durch Statussymbole aufgewertet. Doch es bleibt eine Scheinwelt und ein billiger Ersatz für die wahren Bedürfnisse. Deshalb dreht und dreht sich die Konsumspirale immer weiter und immer enger.

Das will ich auch – das haben alle!

Das hört meine Bekannte des Öfteren von ihrer neunjährigen Tochter. »Das kann richtig nervtötend sein. Ich stehe dann da wie ein Spielverderber. Dieser Satz ist regelrecht ein Argument für die Erfüllung eines besonders ›wichtigen‹ Wunsches. Na ja, dann kann ich entweder die Spielverderberin sein oder ich gebe nach. Aber wo führt das in ein paar Jahren hin? Komme ich da finanziell nach?«

MUSS MAN KINDERN IHRE MODEWÜNSCHE ERFÜLLEN UND STATUSSYMBOLE ERWERBEN ODER GERATEN SIE INS ABSEITS, WENN ELTERN DIESE VERWEIGERN?

Haben wirklich alle Kinder diesen oder jenen Pulli, diese Puppe oder jenen Discman? Wenn Sie genauer dahinter schauen, nachfragen und forschen, werden Sie von Ihrem Kind meistens nicht mehr als drei Mitschüler oder andere Kinder genannt bekommen, die tatsächlich stolze Besitzer des angeblich so weit verbreiteten Wunschobjekts sind.

- Wichtig: Bauen Sie in Gesprächen und im Alltag das Selbstvertrauen Ihres Kindes auf:
  »Du kannst so gut ...« »Dich haben alle gern, weil ...« »Ich finde dich toll, weil ...« »Nicht das, was du hast, ist wichtig, entscheidend ist, wie du zu den anderen Kindern bist.«
- Man muss nicht immer verzichten, sollte aber auch nicht alles mitmachen. Der Mittelweg ist der beste (Weiteres dazu im Kapitel »Wo geht's hier zum Mittelweg?«, S. 83 ff.).

Ein Handy in Kinderhand?

Vor einigen Jahren war dies noch nicht denkbar. Nur Manager, Ärzte und ähnliche Berufsgruppen verfügten über ein Handy, um jederzeit erreichbar zu sein. Wer ein Mobiltelefon besaß, war eine »wichtige« Person. Auch Otto Normalverbraucher entdeckte dank gesunkener Preise schließlich das Handy, genoss das Gefühl, wichtig zu sein und im Supermarkt am Handy verkünden zu können, er kaufe gerade die Pizza fürs Abendessen. Da auch Kinder und Jugendliche »groß«, »cool« und »in« sein wollen, dauerte es nicht lange, bis schließlich auch diese Käuferschicht auf den Markt drängte. Inzwischen ist aus dem Handykult schon ein ganz normales Standardobjekt geworden, das sich ein Großteil der Jugendlichen durch Jobs selbst finanziert.

Viele Kinder und/oder ihre Eltern sind der Meinung, dass ein Handy viele praktische Seiten hat. In der Tat können die kleinen Funktelefone eine wichtige Notfallverbindung in allen Lebenslagen darstellen. Wenn der Nachwuchs nicht mit zum Einkaufen will, zu Hause aber trotzdem überwacht sein soll, greift man einfach zum Handy. Einige Familien schicken die Kinder mit dem Handy zum Spielen, zu anderen Freizeitvergnügen oder zur Schule. So kann man jederzeit Kontakt aufnehmen und weiß, wann man die lieben Kleinen wieder abholen muss.

Nicht wenige Kinder und Jugendliche verwenden das Handy aber auch als Statussymbol. Es vermittelt ihnen das Gefühl, erwachsen zu sein, oder gilt als ein Zeichen von Beliebtheit (»Ich werde oft angerufen, ich bin beliebt«). Außerdem benutzen sie die kleinen Apparate, um in unserer »Spaßgesellschaft« immer zu wissen, wo was los ist. Mit dem Handy kann man sich bequem im Bett liegend oder im Bus die Langeweile und Einsamkeit vertreiben.

Nur, wer zahlt die teuren Gebühren? Genügend junge Besitzer stürzen sich und ihre Eltern in Schulden. Dazu tragen nicht nur die Telefongespräche, sondern auch die SMS (kurze Textnachrichten) bei. Viele Kinder und Jugendliche verlieren bei all dem Spaß und der Faszination den Überblick über die angefallenen Kosten.

HANDY – FÜR WELCHES ALTER ZU WELCHEN BEDINGUNGEN?

- Um ein Handy richtig bedienen und darüber hinaus auch die Finanzsituation überblicken zu können, sollte ein Kind vor dem zwölften Lebensjahr kein eigenes Mobiltelefon besitzen.
- Vor dem Handyeinsatz sollten Sie genau besprechen, eventuell sogar Fallbeispiele aufzeigen, welche Gebührensummen für das Telefonieren und den SMS-Gebrauch anfallen.
- In besonderen Situationen, oder um die Neugierde der Kinder zu befriedigen, kann man das Familienhandy zeitweise in die Hand von Grundschülern geben.

- Wenn schon Handy, dann eines mit Guthabenkarte. In diesem Fall kann Ihr Sohn oder Ihre Tochter besser kalkulieren und für das neue Guthaben finanziell selbst aufkommen. Dies ist ähnlich wie das Haushalten mit dem Taschengeld eine gute Übung für das spätere Konsumleben.
- Man sollte mit seinem Nachwuchs über Benimmregeln in Zusammenhang mit dem Handy reden, zum Beispiel in welchen Räumlichkeiten und Veranstaltungen das Handy ausgeschaltet bleiben soll oder wie man mit SMS-Nachrichten umgehen kann.

Es ist anzumerken, dass wissenschaftlich noch nicht erwiesen ist, ob das ständige Handytelefonieren nicht zu späteren Hörbeeinträchtigungen führen kann oder andere Schädigungen auf den heranwachsenden Organismus nach sich zieht.

Tim, zehn Jahre: »Als ich damals eine paffte«

Timo ist ein ehemaliger Klassenkamerad meiner Tochter. Als er damals von den Nachbarn beim Rauchen in der hintersten Spielplatzecke, gleich zwei Straßen weiter, gesehen wurde, kam die Sache doch irgendwann bis zu seinen Eltern.
Timo erzählt: »Da gibt's nicht viel zu sagen, ich war schon früh alleine unterwegs. Auf dem Spielplatz hingen immer so ein paar Ältere herum, die rauchten heimlich. Mein Freund und ich, wir machen immer viel Spaß mit

blödem Zeug. Irgendwann waren wir neugierig, da haben wir nachgefragt und aus Coolness auch eine gekriegt. Später haben wir uns Zigaretten aus dem Automaten gelassen und öfters geraucht. Dann hat die blöde Nachbarin gepetzt und ich habe mächtig Ärger mit meinen Eltern bekommen.«

Timos Freund Nils war damals erst acht. Da Timos Eltern unsicher, jedoch sehr aufgebracht waren, bekam er eine ordentliche Tracht Prügel (auch diese Eltern wissen sich immer noch nicht anders zu helfen) und Hausarrest. Die Eltern seines jüngeren Freundes waren regelrecht entsetzt. Die ganze Familie diskutierte. Zuletzt wurde ich um Rat gefragt:

WIE VERHINDERN ELTERN, DASS IHRE KINDER MIT DEM RAUCHEN UND TRINKEN BEGINNEN ODER IN SCHLECHTE GESELLSCHAFT GERATEN?

- Wir Eltern vergessen immer wieder, wie stark wir Vorbilder für unsere Kinder sind. Timos und Nils' Eltern waren beide Raucher – mich wundert es, dass sie so entsetzt waren!
- Die richtige Mischung aus Erziehung zu einer selbstbewussten, lebensbejahenden Persönlichkeit und sachlicher Aufklärung macht ein Kind beziehungsweise einen Jugendlichen weniger anfällig für Rauchen, Trinken und andere Drogen (siehe dazu auch das Kapitel »Was brauchen Kinder heute wirklich in ihrer Erziehung?«, S. 107 ff.).
- Mit der Erziehung zu einem positiven Selbstbewusstsein hätten Nils und Timo nach dem ersten Experi-

mentieren eher »Nee, mag ich nicht!« zu den Jugendlichen gesagt.

- Wenn Kinder sich selbst überlassen sind und die Eltern wenig Zeit für sie aufbringen, können Väter und Mütter auch wenig Einfluss auf deren Umgang ausüben.

WIE KÖNNEN WIR REAGIEREN, WENN SO ETWAS PASSIERT IST?

- Harte Strafen ohne Zusammenhang oder gemeinsames Gespräch würden vermutlich ein weiteres Auseinanderleben unterstützen.
- Suchen Sie das Gespräch mit Ihrem Kind. Versuchen Sie die Ursache des »Hilfeschreis« zu erkunden.
- Besprechen Sie, warum es Ihnen so wenig gefällt, dass Ihr Kind geraucht hat. Weisen Sie auch auf Gesundheitsgefahren hin.
- Versuchen Sie selbst mit gutem Beispiel voranzugehen.
- Sprechen Sie mit Ihrem Kind wiederholt über dieses Thema. Es soll merken, dass es sich hierbei um keine Lappalie handelt.

Und am Freitag geh ich immer ins Kino

Im Alter von neun bis elf Jahren werden Kinder zunehmend selbstständiger. Sie haben bereits eigene Ideen, wie sie ihr Zimmer gestalten, was sie anziehen und wie sie ihre Freizeit verbringen wollen.

Auch Freizeitaktivitäten unterliegen den Trends, welche in der Clique gerade »in« sind. Das können Besuche einer Halfpipe, in der Schlittschuhdisko oder im Kino sein. Immer steht hinter der ganzen Sache auch ein gewisses Zahlungspotenzial. Im Kino sehen die Mädchen und Jungen in diversen Vorfilmen gleich die zukünftigen Programmpunkte. Mit speziell auf diese Käuferschicht abgezielter Werbung wird ebenfalls nicht gegeizt. So werden Wünsche nach »mehr« geweckt.

Natürlich ist es ein herrliches Gefühl, mit den Klassenkameraden oder dem besten Freund und der Freundin etwas Spannendes zu unternehmen. Doch manchmal wollen Eltern sich dem oftmals recht üppigen Freitzeitdiktat ihrer Sprösslinge nicht mehr beugen.

Frau L. berichtet an einem Elternabend in der Grundschule:

»Gleich nach der Schule wollte unsere Tochter immer wieder los. Es dauerte eine gewisse Zeit, bis sie von sich aus akzeptierte, dass zuerst mal die Schulaufgaben auf dem Tagesplan standen. Danach hatte ich nichts mehr dagegen. Im Laufe der Zeit fiel mir erst mit den stetig steigenden Geldforderungen auf, dass unsere Tochter monatlich mehrere 5-Euro-Scheine für Kino, McDonald's oder kleine Ausflüge zum Bäcker zusätzlich zu ihrem Taschengeld einforderte.«

Interessant bleibt dabei zu erwähnen, dass ein solches

mit einigen Geldmitteln verbundenes Freizeitverhalten in der vorherigen Generation wesentlich später begann. Wie können wir nun konkret mit den heutigen Freizeitwünschen unserer Kinder umgehen?
Je nach Geldbeutel und Durchhaltevermögen wählen viele Eltern zwischen Gewährenlassen und Auseinandersetzungen. Obwohl es gewiss angenehmer ist, die eigenen Nerven zu schonen, halte ich einen Kompromiss für erstrebenswert. Wenn Ihr Kind öfter, als ihnen (auch finanziell) lieb ist, ins Kino gehen möchte, soll es dies von seinem Taschengeld bestreiten. Sicher werden auch Sie spendabel sein und ab und zu eine Ausnahme machen, aber es ist sehr wichtig, dass Ihr Nachwuchs lernt mit Geld umzugehen.
Vor allem sollen Kinder und Jugendliche erfahren, dass man nicht immer nur ausgeben und genießen kann, sondern auch manchmal zurückstecken muss. Dies ist eine Fertigkeit, die ein Heranwachsender für sein gesamtes zukünftiges Leben lernen muss.

WAS KÖNNEN ELTERN ENTGEGEN-SETZEN?

Verwöhnen – aber gekonnt! Über den Spagat zwischen dem verwöhnten und dem vernachlässigten Kind

Eltern und Großeltern überhäufen ihre Kinder zwar bereits sehr früh mit Geschenken, mit Aufmerksamkeit, Geborgenheit und Zeit aber werden viele Mädchen und Jungen nicht gerade überfrachtet. Die Folge: Die Gesellschaft beschwert sich über unmotivierte, konsumorientierte Jugendliche. Sozialarbeiter kämpfen um gesellschaftlich isolierte junge Menschen, die nie echte Aufmerksamkeit und Fürsorge ihrer Eltern erhielten.

In vielen Familien sind beide Eltern wegen verschiedenster sozialer und finanzieller Aspekte berufstätig. Oft bleiben dadurch leider viel zu wenig Zeit und Aufmerksamkeit für den Nachwuchs übrig. Manche Kinder sind damit sehr mit sich allein gelassen. Auf diese Weise entsteht eine so genannte Wohlstandsvernachlässigung – denn an Konsumgütern fehlt es diesen Kindern nicht unbedingt.

Ihnen stehen Kinder gegenüber, die weit über das normale Maß hinaus »bemuttert« und »bevatert« werden. In manchen Familien werden Kinder außer mit übermäßiger Aufmerksamkeit zusätzlich täglich durch kleine und größere Mitbringsel verwöhnt.

Frau M. erzählt dazu: »Meine drei Kleinen sind mir das wert. Fast jeden Tag nach der Arbeit gehe ich sowieso einkaufen. Süßigkeiten kann man gut teilen und sie kommen immer gut an. Ich freue mich so über die glücklichen Gesichter!«

Und Frau I., eine Großmutter: »Wissen Sie, früher nach dem Krieg gab es doch fast nichts. Meinen Kindern

konnte ich so wenig bieten. Ich selber bin auch in recht ärmlichen Verhältnissen aufgewachsen. Da sollen es meine Nachkommen einfacher und schöner haben. Ich freue mich beim Überreichen der Geschenke, als wenn ich sie selbst bekommen hätte.«
Wer verwöhnt sein Kind gekonnter: die Person, die den ganzen Tag über keine halbe Stunde Zeit für ein Spiel mit seinem Kind hat, ihm aber eine Puppe oder ein Rennauto nach dem anderen nach Hause bringt? Oder der Erwachsene, der sich Zeit zum Schmusen, Reden und Ballspielen nimmt, dafür aber seltener materielle Geschenke macht?

WENN SCHON VERWÖHNEN, DANN AN DER RICHTIGEN STELLE:

- Schenken Sie Ihren Kindern Zeit und Liebe – nicht das x-te Spielzeug oder die x-te Süßigkeit.
- Eltern, die Ruhe und Verständnis für ihre Kinder haben, decken deren wahre Bedürfnisse ab.
- Gehen Sie verschwenderisch mit Streicheleinheiten und lobender Unterstützung um.
- Jeder mit einem Gespräch, Austausch oder mit Kuscheln beendete Tag ist purer Luxus.
- Bilden Sie lieber mit einer kleinen Massage oder ruhigen Musik eine Insel der Ruhe, als dass Sie ständig die Kinder mit Reizen überfluten.
- Schöne Naturerlebnisse im Kreise der Familie können Ihrem Kind mehr Zugehörigkeitsgefühl und Geborgenheit vermitteln als jeder mega-moderne Superausflug im Massenrummel.

➤ Wie reich wären unsere Kinder, wenn sie alle Eltern hätten, die ihnen liebevoll und respektvoll zur Seite stehen, die bei Problemen zum Gespräch bereit und einfach für sie da sind – ganz selbstverständlich!

Immer dieser Geburtstagsstress!

Während meiner Vorträge taucht das Thema Geburtstag immer wieder auf.

Frau T. schildert dabei den Geburtstagsfest-Stress in ihrer Nachbarschaft:

»Bei uns im Viertel will jede Mutter die andere übertrumpfen. Den Anfang macht die Gästeliste. Es stehen nicht selten mehr Kinder auf der Liste, als das eigentlich geräumige Eigenheim bewirten kann. Deshalb machen viele Familien Ausflüge mit dem Bus, gehen mit zehn Kindern ins Kino oder mit 15 Kindern ins Schwimmbad. Neulich bediente sich eine Mutter eines neuen Angebotes. Sie verbrachte den Geburtstag mit ihren Gästen auf dem Reiterhof mit einer Kutschfahrt. Ich versuche ja auch einiges auf die Beine zu stellen, aber solche großen Sachen scheitern bei uns wirklich am Finanziellen. Außerdem sträubt sich in mir etwas, so ein Theater zu machen. Wir haben schließlich drei Kinder, da geht es auch eine Nummer kleiner.«

Frau T. gesteht mir wenig später unter vier Augen, dass sie oft auch Angst davor hat, ins Gerede zu kommen. Die Nachbarn könnten sie für keine gute Mutter halten oder gar für geizig – Gruppenzwang für Mütter!

Bei den oft heftigen Diskussionen kommen wir jedes Mal zu dem Schluss, dass eine schöne Geburtstagsfeier nicht mit Mengenverhältnissen, sondern mit Gemütlichkeit und dem gemeinsamen Spiel gemessen werden soll. Fragen Sie einmal herum, wie viele Frauen in Ihrer Nähe ebenso wenig Lust auf das Übertrumpfen des vorherigen Geburtstages haben! Tun Sie sich zusammen und vereinigen Sie sich zu einer Gegenbewegung. Sie werden sich wundern, wie viele Eltern Schluss machen wollen mit Gewinnpäckchen, dem Kuchengetümmel und dem Freizeitrummel!

Der Tag, an dem Tante Ilse Bescheid bekam Eltern wehren sich gegen Einmischungen von außen

Welche (junge) Mutter kennt sie nicht, die netten Großtanten, Schwiegermütter oder Nachbarinnen, die immer einen »guten« Erziehungsrat wissen! Diese haben selbst mehrere Kinder großgezogen. Und das in weitaus schlimmeren Zeiten!
Nur können sie manchmal sehr lästig oder auch überaus schwierig sein ...
Frau U., Mutter von vier Kindern, erzählt:
»Mein Mann und ich stammen beide aus sehr kinderreichen Familien. Wir haben also viele Tanten und Onkel. Durch unsere vier Kinder haben wir von der großen Familie schon sehr viele Spielsachen zu Weihnachten und Geburtstag geschenkt bekommen. Alles stapelte sich im Kinderzimmer. Nun stand schon wieder Weihnachten vor der Tür. Wir wollten nicht, dass sich dasselbe wie letztes Jahr wiederholt: Am Weihnachtsabend hatten unsere Kinder sich mit den vielen Weihnachtspäckchen aller Onkel, Tanten und Großeltern richtig in Rage gekämpft. Das sollte uns dieses Jahr nicht passieren. Wir vereinbarten, von jeder Familie nur ein kleines Päckchen zu bekommen. Alle waren damit einverstanden.

Doch auch in diesem Jahr stand ich wieder mit der gleichen Menge Geschenke da. Mich überkam unbändige Wut. Ich packte kurzerhand vor der Bescherung die überzähligen Geschenke in einen Wäschekorb und stellte sie in den Keller. Danach rief ich alle erreichbaren Verwandten an und meinte, sie könnten ihre übermäßigen Geschenke wieder abholen. Sie hätten sich nicht an die Abmachung gehalten, ich sei stinksauer.
Dieses Weihnachtsfest zog nach sich, dass meine Brüder, Schwestern und Schwäger mit mir und ich mit ihnen fast ein halbes Jahr nicht mehr sprachen. Doch das Weihnachtsfest darauf begingen wir wieder friedlich und mit tatsächlich eingelösten Vereinbarungen.
Es war das erste entspannte Weihnachten seit langem. Wir hatten viel Zeit für uns, die Kinder und die liebevoll ausgesuchten Geschenke.«
Frau U. hatte ihre Verwandten ziemlich vor den Kopf gestoßen. Viele andere Eltern bewunderten sie dafür. Manche meinten aber auch, dass dies schon eine sehr radikale Art wäre, seine Meinung durchzusetzen. Dazu bedarf es einigen Mutes.

Herr I. berichtet:
»Meine Tante Ilse hat mich und meine Frau einmal so richtig wahnsinnig gemacht. Sie wohnt im Nachbarhaus. Auf dem Grund ihres Gartens haben wir unser Haus gebaut. Unsere betagte Großtante hat selbst keine Kinder, war aber der Meinung, dass sie unsere Kinder als Ersatzobjekte so richtig schön verwöhnen darf. Sagte meine Frau zu den Kindern, sie sollten nach einer Stunde fernsehen den Apparat ausschalten, wussten unsere Kinder, dass im Hause der Tante ganz sicher noch einmal eingeschaltet würde. Wollten wir den Süßigkeitenkonsum

wegen der Zähne auf ein bestimmtes Maß reduzieren, war es die liebe Tante, die eine Zauberschublade, bis oben hin gefüllt mit Süßigkeiten, jederzeit griffbereit hatte.
Tante Ilses Motto uns gegenüber war, ein bisschen verwöhnen schadet nicht. Zucker ist ein Stück Lebenskraft und beim Fernsehen lernen die Kinder doch etwas.
Es war sehr schwer, meiner Tante die gut gemeinten Verwöhnereien auszureden. Dabei brauchten wir sehr viel Geduld und Durchhaltevermögen. Vor allem brauchten wir Courage, ihr überhaupt einmal zu sagen, wie wir es wollten.«

Sie werden sich sicher Ihre eigenen Gedanken dazu machen. Natürlich muss man sich wehren, darüber braucht man nicht zu diskutieren. Aber wie?
Dazu möchte ich ein Beispiel aus meiner eigenen Familie anführen.
Meine Schwiegermutter wollte den Kindern zu Nikolaus und Ostern immer gerne ein Geschenk machen. Ich hingegen bin ein eiserner Verfechter davon, dass Ostern und Nikolaus so bleiben sollten, wie ich es früher erlebt habe. Bei uns war es üblich, dass der Osterhase ein Nest mit Süßigkeiten brachte. In diesem Nest gab es zusätzlich höchstens noch ein paar Söckchen oder ein Hüpfseil.
Meine Schwiegermutter hatte aber mit dem anderen Enkelkind schon ein Geschenk in bestimmter Höhe vereinbart und wollte bei den anderen beiden gerechterweise denselben Betrag einsetzen. Ich hingegen wollte dieses Fest nicht zum »Schenkfest« ausarten lassen, denn unsere Kinder haben auch schon längst alles, was sie brauchen. Also blieb ich bei meiner Einstellung. Ganz leicht

fiel mir das nicht, denn welche Schwiegertochter möchte schon gern Streit mit der Schwiegermutter, der Oma ihrer Kinder, anfangen!
Ich weiß sehr gut, dass unsere Oma nur den Wunsch hatte, den Kindern ihre Liebe zu zeigen. Sie ist wirklich keine Großmutter, die über die Stränge schlägt und Kinder im Konsum ertränkt. Doch warum kann man die Liebe zu den Kindern nicht auch in anderer Form zeigen?
Ich bin sehr glücklich, wenn ich hin und wieder unsere Kinder zu ihr bringen kann. Dort schenkt sie ihnen ihre Zeit und ihre Geduld. Beispielsweise holte ich eines Nachmittages zwei superstolze Kinder mit einem selbst gebastelten Stickkarton mit eigens aufgemalten Motiven ab. Ich hätte vor allem meinen jüngeren Sohn nie dafür begeistern können, mit Nadel und Faden Dinge auf einem Pappkarton nachzusticken. Wahrscheinlich wäre ich auf diese Idee gar nicht gekommen.
Großeltern bieten ihren Kindern Dinge, die Eltern nie vermitteln können. Es sind der gewisse Abstand, das gesetztere Alter und die Muße, welche auf die Enkel wohltuenden Einfluss haben.
Ich appelliere deshalb immer wieder: Schenkt euren Enkeln Zeit statt Geld! Das ist etwas, was Kinder heute viel eher entbehren müssen.
Letztendlich haben wir uns zum Thema Ostern und Nikolaus dahin gehend geeinigt, dass die Oma ihren Geldbetrag so anlegen kann, dass sie einen Teil der Süßigkeiten fürs Osternest und Nikolaus und eine Kleinigkeit zum Spielen besorgt.

VERWANDTE UND NACHBARN MISCHEN SICH EIN: WIE KANN ICH MICH DAGEGEN WEHREN?

- Bringen Sie zunächst einmal den Mut und das Zutrauen zur eigenen Einstellung auf, die eigene Meinung zu Konsumgrenzen vor anderen deutlich zu vertreten.
- Machen Sie den anderen klar, dass Sie sich mit Erziehung sehr wohl auskennen und den eingeschlagenen Weg aus folgenden Gründen einhalten:
  - Wir wollen unsere Kinder zu kreativen, selbstständigen Menschen erziehen. Dazu gehört auch, dass sie sich nicht von den Modeerscheinungen und Konsumverherrlichungen unter Druck setzen lassen.
  - Für das momentane und spätere Leben unserer Kinder ist es wesentlich, auch einmal mit einem »Nein« klarzukommen (Sie bauen damit eine so genannte Frustrationstoleranz auf).
  - Wir wollen uns in der Familie bewusst für oder gegen Geschenke, Anschaffungen und für eine sinnvolle Freizeitgestaltung entscheiden, deshalb ist es uns wichtig, bei Geschenken durch andere mitzuentscheiden.

Als meine Schwiegermutter mich eines Tages fragte, warum ich denn so penetrant die Mitbringsel verweigerte, versuchte ich ihr unsere Einstellung mit einem Bildnis zu verdeutlichen:
»Wenn deine Enkel eines Winterabends bei dir übernachten und plötzlich auf die Idee kommen würden, nur mit der Unterhose bekleidet in den Schnee zu gehen, würdest du es ihnen erlauben?«

Sie entgegnete: »Natürlich nicht, sie würden sich ja erkälten oder krank werden. Das wäre nicht gut für sie.«
»Aber genauso wäre es nicht gut für sie, mit Geschenken überhäuft zu werden und das Gefühl zu haben, dass alle Wünsche in Erfüllung gehen, sobald sie ausgesprochen werden. Denn so ist das Leben nicht und damit müssen sie später auch klarkommen!«, antwortete ich ihr.

Alle Jahre wieder kommt das Christuskind auf die Erde nieder ...

Jedes Jahr aufs Neue dasselbe Theater. Entschuldigen Sie, aber es ist für uns Mütter (vielleicht auch für einige Väter) wirklich eine sehr stressige Zeit. Das Weihnachtsfest naht, aber statt festlicher, besinnlicher Stimmung macht sich eine ganz andere Atmosphäre im Wohnzimmer breit:
Entweder haben die Eltern mit der Erwartung vieler unkontrollierter Geschenke der verschiedenen Verwandten zu kämpfen oder sie versuchen angestrengt das Ganze irgendwie zu ordnen und zu lenken. In diesem Fall müssen geeignete Geschenke ausgesucht und sinnvoll auf die Schenkenden verteilt werden. Einige Eltern besorgen das Gewünschte deshalb gleich selber, um Beschaffungsproblemen und Verwechslungen vorzubeugen. Das heißt aber, dass man nicht nur seine eigenen Geschenke, sondern auch die der Verwandten mitbesorgen muss. Aber was soll man denn noch schenken, wenn man nach ein paar Weihnachts- und Geburtstagsfesten schon so vieles hat?

Großeltern und andere Verwandte sehen oft vor ihrem geistigen Auge einen imaginären Geldschein. In der Höhe dieser Geldsumme möchten sie die Kinder beschenken. Was aber, wenn Sie als Eltern einer Geschenkeflut vorbeugen wollen?
Einfach umstimmen wollen hat wenig Zweck. Sie werden die angesetzte Summe der Schenker nicht grundlegend ändern können. Versuchen Sie lieber die Situation zu Ihren Gunsten in gemäßigte Bahnen zu lenken. Es muss nicht sein, dass Ihr Kind alles doppelt und dreifach hat, nur weil die Verwandten ihr Geld loswerden wollten. Sie brauchen an Weihnachten nicht in Päckchen zu ersticken. Es gibt dazu bessere Alternativen.

ALTERNATIVEN ZU HERKÖMMLICHEN GESCHENKFLUTEN

- Die Eltern koordinieren die Geschenkauswahl, verteilen die Wünsche der Kinder auf die Verwandten, achten dabei aber auf ein sinnvolles Maß.
- Statt vieler kleiner Geschenke können Verwandte für ein großes Geschenk zusammenlegen (zum Beispiel ein Fahrrad, eine Puppenstube oder einen Kassettenrekorder).
- Man kann genauso gut etwas »Nützliches« oder Kleidung schenken lassen.
- Wenn die geschenkten Geldbeträge der Verwandten sehr groß sind, lassen Sie davon nur ein kleineres Geschenk kaufen und legen Sie den Rest aufs Sparbuch (»Für später, wenn das Kind älter ist und sich einmal einen größeren Wunsch erfüllen will«).
- Lassen Sie Gutscheine schenken (dazu nachstehend gleich mehr).
- Behalten Sie bei den zu erwartenden Geschenkpäckchen den Überblick und, wenn möglich, blocken Sie auch ab, wenn zu viele Päckchen in Aussicht stehen.
- Lassen Sie sich auf keine großen Diskussionen ein – Sie sind die Verantwortlichen, die kompetent sind und wissen, was für Ihr Kind gut ist!

Die Methode mit den Gutscheinen möchte ich etwas näher erklären:
Statt ein oder mehrere Geschenke im Wert von 25 bis 50 Euro können Verwandte auch etwas anderes, Besonderes verschenken. Eine Familie erzählte mir, dass der große Sohn überaus begeistert vom Zugfahren war. Er wäre so gerne einmal mit dem ICE von München nach

Stuttgart gefahren. Nun kann sich nicht jede vierköpfige Familie »einfach so« eine Zugfahrt mit dem ICE leisten. Die Eltern kamen auf die Idee, sich diesen Wunsch des Sohnes von den Großeltern als Gutschein zu Weihnachten schenken zu lassen. Diese Idee wurde vom Kind begeistert aufgenommen.

Meine Schwiegermutter verpackte liebevoll einen Gutschein für einen Bauchtanzkurs in einem Kinderkulturzentrum. Zur Verpackung gehörte ein kleiner selbst gemachter Schleier aus Gardinenstoff. Dieses Geschenk kam besonders gut an.

Andere Großeltern verschenken ein Anglerwochenende in einer Selbstversorgerhütte für die Enkel – es gibt noch viele andere Ideen, die Sie sicher aus der Situation und den individuellen Wünschen der Kinder heraushören und gestalten können. Wichtig dabei ist, dass sich diese Gutscheine nicht gleich den Päckchen stapeln und dass sie einem besonderen Erlebnis mit lieben Bezugspersonen mit viel Zeit für das Kind entsprechen.

Wie schenkt man sinnvoll?

Neben den oben genannten Alternativen zur Vermeidung von Geschenkfluten möchte ich einige Möglichkeiten vorstellen, wie man sinnvolle Geschenke machen kann – vorausgesetzt, man hat sich mit den zu Beschenkenden, vor allem aber mit den Eltern des Kindes abgesprochen.

Dazu zunächst ein Beispiel aus meiner Familie:

Ich selbst hatte als Kind wenig pädagogisch wertvolles Spielmaterial. Deshalb und wahrscheinlich auch wegen meines pädagogischen Berufes wollte ich meinen Kindern wertvolles, gutes, ja, am besten »spiel gut«-ausgezeichnetes Spielzeug (siehe Literaturhinweise) schenken.
Eines Tages beschenkte meine Tante unsere Erstgeborene, damals gerade drei Jahre alt, mit einer Holzeisenbahn. Mit einer solchen Eisenbahn hatte ich als Kind bei Besuchen zusammen mit meinen Cousins stundenlang gespielt. Ich hatte sie noch in sehnsüchtiger Erinnerung. Aus diesem Grund war ich von ihrer Geschenkidee begeistert. Wir bekamen den Grundbaukasten der Holzeisenbahn zum Geburtstag unserer Tochter geschenkt. Er bestand aus einigen Schienen und einem Zug mit Waggons.
Als nach zwei weiteren Jahren auch der jüngere Bruder mitzuspielen begann, glaubten wir Erwachsene, dass dieses herrliche Spielzeug für beide Kinder aufgestockt werden müsste. Flugs waren zum nächsten Geburtstag und zu Weihnachten zwei Kisten mit Schienen, modernsten Zügen, Ampel- und Schienenanlagen, sogar ein Verladebahnhof und vieles mehr auf dem Gabentisch gelandet.
Aber: Ab diesem Zeitpunkt gab es nur noch Streit und Ärger! Gespielt wurde erstaunlicherweise nicht mehr so intensiv und lange wie früher.
Was war geschehen?
Wir haben unsere Kinder schlichtweg überfordert. Dazu kamen noch weitere Komponenten wie die Verwirklichung meiner eigenen Wünsche oder der naive Gedanke, dass eine größere Spielzeugmenge auch mehr Spaß und Freude bringe.

WAS IST BEI DER AUSWAHL EINES SPIELZEUGS ZU BEACHTEN?

- Achten Sie auf gute Qualität und das richtige Preis-Leistungs-Verhältnis (siehe dazu unter »Literaturhinweise« Stiftung »spiel gut«).
- Man muss nicht zu jedem kleinen Anlass etwas verschenken, sondern sollte bewusst die besonderen Tage des Schenkens bedenken.
- Prüfen Sie Kinderwünsche auf ihre Beständigkeit, das heißt, warten Sie ruhig einmal ab, ob der Wunsch in zwei Wochen oder einem Monat immer noch Bestand hat. Oft äußern Kinder Wünsche aus einem momentanen Einfall oder einer Mode heraus, welche nach ein paar Tagen schon wieder vorbei ist.
- Wählen Sie entwicklungsgemäßes Spielmaterial aus. Lassen Sie sich im Spielwarengeschäft beraten, aber nicht überreden. Kaufen Sie nicht zu früh Spielmaterial »auf Zuwachs«. Überforderte Kinder spielen damit nicht gern oder verstehen den Sinn nicht.
- Kaufen Sie nicht von allem gleich das ganze System, verschenken Sie lieber ein paar Anfangskomponenten oder einen Basic-Kasten (Grundausstattung). Wenn Ihre Kinder doch mehr brauchen, können Sie sich überlegen, welche Alternativen Sie einsetzen können (vorhandenes Spielmaterial hinzunehmen). Bei großem Interesse und anhaltendem Wunsch können Sie später kleinere Erweiterungskäufe tätigen.

Das Wesentliche wieder wichtig werden lassen

Wer hat eigentlich gesagt, dass Feste immer von einer Geschenkinvasion begleitet werden müssen? Fragen Sie einmal Ihr Kind, was an Weihnachten, Ostern, Nikolaus und am Geburtstag das Wichtigste ist. Als Antwort werden Sie als Erstes das Wort »Geschenke« erhalten. Es ist durchaus legitim, dass unsere Kids sich auf ihre Geschenke oder Süßigkeitenrationen freuen, doch sie werden dabei häufig um ein weiteres Erleben in vielen Familien betrogen:

Was ist mit dem eigentlichen Sinn und Hintergrund von Weihnachten und Ostern? Warum feiern wir überhaupt Nikolaus?

Für religiös ausgerichtete Familien begleitet der christliche Hintergrund die Festlichkeit. Daran knüpfen sich Bräuche und Riten, die Kinder jedes Jahr wieder erkennen und schätzen.

Es gibt auch Familien, die diese Feste durch ihr Familienbrauchtum, gemeinsames Essen und intensive Vorbereitungen zu einem großen Familienfest gestalten. Dazu trifft sich die ganze Familie. Es entsteht eine besondere Atmosphäre, bei der vor allem die Gemütlichkeit und das Zusammengehörigkeitsgefühl zählen. Diese schönen Stimmungen und Erlebnisse vergessen die Kinder oft ihr ganzes Leben lang nicht – und eventuell geben sie sie sogar an ihre eigenen Kinder weiter.

Im Vergleich zu einem Fest, bei dem sich der einzige Inhalt auf den Konsum von vielen Geschenken beschränkt, wird bei den eben genannten Familien das Wesentliche wichtig und kostbar gemacht.

Über Geld redet man nicht, man gibt es aus! Oder?

Eine Redensart, die auch manche Kinder bereits verinnerlicht haben. Dazu möchte ich eine Situation schildern, die den fünfjährigen Matthias zu einer treffenden Äußerung seiner Mutter gegenüber veranlasst hat:
Matthias begleitet seine Mutter vor dem Einkaufen zum Geldautomaten. Er beobachtet, wie sie ihre Karte in den Automaten schiebt, anschließend ihre Geheimzahl eingibt und schon nach kurzer Zeit verschiedene Geldscheine herauszieht.
Bald darauf stehen die beiden im Supermarkt beim Einkaufen. Matthias möchte ganz dringend eines dieser kleinen Spielzeugautos am Seitenregal der Non-Food-Abteilung. Seine Mutter erklärt ihm, dass er erst letzte Woche eines bekommen hätte und sie nicht so viel Geld haben würde, ihm immer seine Wünsche zu erfüllen. Darauf entgegnet Matthias:
»Wieso? Du hast doch immer Geld. Du musst doch nur zu dem Automat gehen, dann bekommst du wieder neues!«
Matthias' Worte mögen in unseren Ohren vielleicht lustig klingen, doch sie zeigen sehr klar, wie unsere Kinder denken: Diese Maschine in der Bank hat eine menschliche Gabe, sie gibt etwas her. In diesem Fall bezieht die Mutter ihr Geld immer dann, wenn sie es braucht, von diesem netten Apparat.
Woher soll ein Kind wissen, dass das Geld irgendwann ausgehen kann? Oder dass es erarbeitet werden muss und manchmal schwer verdient wird?
Um Kinder im heutigen Konsumschlaraffenland auf den Boden der Tatsachen zurückzuholen, ist solch eine Situ-

ation die beste Ausgangsposition für eine »Aufklärung« im Sinne von »Geld fällt auch heutzutage noch nicht vom Himmel«. Wie können wir den Kindern aber verständlich machen, dass unser Geldkontingent trotz relativen »Reichtums« begrenzt ist? Am besten, wir *reden* über Geld und das Geldausgeben:

- Über die begrenzte Verfügbarkeit von Geld zu reden ist heutzutage fast schon ein Tabu – aber wenn Sie die Chance nutzen, mit Ihren Kindern kindgerecht und einfach darüber zu sprechen, können Sie Ihnen schon frühzeitig die Zusammenhänge und einen sinnvollen Umgang mit Konsum nahe bringen.
- In einer entspannten Familienrunde kann man das Gespräch meist irgendwann auf das Thema Geld bringen. Dabei verstehen schon kleine Kinder, wer in der Familie was arbeitet und dafür auch Geld verdient.
- Der nächste Punkt ist das Aufzählen der verschiedenen Ausgaben, zum Beispiel: »Wir müssen die Miete/das Haus bezahlen, für alle das Essen und Trinken einkaufen, das Benzingeld und das Telefon bezahlen und dann wollen wir auch noch im Sommer in den Urlaub fahren. Wenn wir alles kaufen, was sich jeder von der Familie wünscht, können wir uns den Urlaub nicht leisten und müssen zu Hause bleiben.«
- Man kann das Verdienen und Ausgeben auch mit »Spielgeld« aus einem Kinderspiel oder von der Bank erklären, indem man die Scheine auf den Tisch legt, um sie dann Stück für Stück für »Ausgaben« wieder wegzunehmen.
- Für den späteren Umgang mit Geld ist es für Kinder wichtig, schon frühzeitig zu lernen, dass man die Erfüllung mancher Wünsche aufschieben muss.

- Eigenes Taschengeld kann Kindern helfen, erste eigene Erfahrungen in der Praxis zu machen. Dazu sollten Sie sich unbedingt aus dem kindlichen Umgang mit dem Taschengeld heraushalten, auch wenn Ihr Kind es anfangs eher unüberlegt ausgibt. Wichtig ist dabei auch, dass Sie zum verbrauchten Taschengeld nicht ständig Extrazahlungen zuschießen.
  Wie weiter oben schon angedeutet: Taschengeld sollten Sie ab der 1. Klasse wöchentlich, ab der 4. oder 5. Klasse monatlich ausbezahlen.
- Bei besonders großen Wünschen schlagen Sie den Kindern vor, dass sie mindestens die Hälfte oder sogar den ganzen Betrag des Gewünschten von ihren eigenen Ersparnissen dazugeben sollen. Sie werden staunen, was Ihr Nachwuchs plötzlich alles doch nicht so dringend braucht!
  Dahinter steckt ein ganz wichtiges zu erlernendes Verhaltensschema in Bezug auf die zukünftige Konsumhaltung Ihres Kindes: *Es überlegt, wägt ab und entscheidet, ob das Gewünschte wirklich wichtig ist.*
- Die Eltern sind in diesem Bereich, wie überall in der Erziehung, Vorbild. Wie Sie mit Konsum und Ihren Wünschen umgehen, wirkt sich prägend auf die Konsumbereitschaft Ihrer Kinder aus.

Wie rede ich nur mit meinen Kindern? Die Familienkonferenz

Viele Eltern haben schon seit längerem das Gefühl, dass sie diese starke Konsumorientierung der Gesellschaft nicht mehr mittragen wollen. Doch wie sag ich's meinem Kinde? Schließlich weiß man ja, dass es selbst für einen Erwachsenen nicht so einfach ist, gegen den Strom zu schwimmen. Dazu gehören eine gehörige Portion Selbstbewusstsein und auch Überzeugungsgabe den Kindern gegenüber. Sie sind es, welche die Umwelt ganz unbewusst und ungefiltert, anfangs noch ohne eigene Meinung in sich aufnehmen.

Also stellen sich viele Eltern die Frage: Wie mache ich meinen Kindern verständlich, warum ich nicht jeden Modetrend mitmachen will, warum ich nicht begeistert den Geldbeutel zücke, wenn mein Nachwuchs mich wegen seiner Wünsche in die Mangel nimmt?

Sie können mit Ihren Kindern reden – über jedes Thema. Doch Sie sollten sich vorher die Argumentation gut überlegen.

FAMILIENGESPRÄCHE SIND GAR NICHT SO SCHWER

➤ Stück für Stück können Sie Ihre Familie zur regelmäßigen Familienkonferenz (= Familiengespräch) anleiten.
  - Zu beachten ist dabei, dass man im Kleinen anfängt.

– Am besten eignet sich eine Tageszeit und Situation, an der die ganze Familie entspannt teilnehmen kann. Das gemeinsame Abendessen oder ein gemütliches Frühstück am Wochenende bietet genügend Möglichkeiten, ins Gespräch zu kommen.

➤ Einüben kann man das Miteinander-Sprechen und Sich-Austauschen, indem die Eltern bei den Kindern nachfragen, wie es heute im Kindergarten oder in der Schule war. Anfangs werden sie nur einfache Antworten wie »gut«, »schlecht«, »geht so« bekommen. Bedenken Sie, dass dies ein erstes Austauschen darstellt.

Je nach Familie und Sprachgewandtheit können Sie diese Gespräche allmählich erweitern, indem Sie vorsichtig nach Details fragen. Manche Kinder erzählen ungern von sich aus, doch sie kommen schnell in Fahrt, wenn man sich nach dem besten Spielkameraden oder ihrem Lieblingsspiel erkundigt, beispielsweise: »Hat deine Freundin auch in der Bauecke

mitgespielt oder seid ihr im Garten gewesen?« »Ist deine Lehrerin immer noch krank? Wie war denn die Vertretung?«

- In jedem Gespräch sollten der Familie gemeinsame Gesprächsregeln bekannt sein (nur eine Person redet, jeder hat das Recht auf seine Meinung, ohne bewertet zu werden usw.).
- Wenn der Austausch der Alltagssituationen in der Familie zur Gewohnheit geworden ist, kann man zur nächsten Stufe übergehen: zum Gespräch über die eigenen Gefühle in Alltagssituationen.
  Dabei können wiederum die Eltern Vorbilder sein, indem sie (in einem Rahmen, der den Kindern zumutbar ist) von ihrer Tagesbefindlichkeit erzählen, zum Beispiel: »Heute habe ich ordentlich Ärger bei der Arbeit gehabt. Es gab richtig Probleme, wir haben sie ... gelöst«, oder: »Heute war ich sehr froh, als ich meinen Schlüssel wieder gefunden habe. Ich hatte eine Mordsangst, dass er nicht mehr auftaucht ...«

Kinder erkennen an der Auswahl der Gesprächsthemen, dass jeder Mensch Gefühle hat und dass es gut und legitim ist, darüber zu sprechen. Sie erkennen auch, wie man mit anderen über seine Gefühle, seine Probleme und seine persönliche Situation reden kann. Weiterhin erlernen sie, sich eine eigene Meinung zu bilden.

➤ Ein weitergehender Aspekt wäre, Familiengespräche über alle wichtigen Punkte des täglichen Lebens (welche die ganze Familie betreffen) zu führen. Sie können dabei beispielsweise die gewünschte Höchstdauer von 20 Minuten täglich am Computer aushandeln oder sich ein gemeinsames Sammelgeschenk zum Geburtstag überlegen.

Wenn Sie auf diese Weise eine gute Gesprächsbasis mit Ihrer gesamten Familie aufgebaut haben, können Sie mit Ihren Kindern auch darüber sprechen, warum Sie an diesem oder jenem Konsumdiktat nicht mitmachen möchten. Sie können in der Familienkonferenz besprechen, wie Sie mit Festen und Geschenken umgehen wollen. Ebenso ist es dann möglich, sich mit dem Sohn oder der Tochter darüber zu unterhalten, warum Sie das Wesentliche wieder wichtig werden lassen wollen – und vieles mehr.

Ihre Kinder werden dabei eine soziale, emotionale und sprachliche Reife erlangen, die vielen anderen Kindern fehlt!

Wo geht's hier zum Mittelweg? Über die Möglichkeiten, Kompromisse zu schließen

Familie A. lebt mit ihren Kindern sehr konsumorientiert. Es wird viel eingekauft, Markenkleidung und das neueste Spielzeug spielen eine große Rolle. In der Gesellschaft möchten sie angesehen sein, wozu das eine oder andere Statussymbol wie das neue Auto und jährliche Flugreisen beitragen. Die Freizeit ist verplant mit diversen Kursen und Kinobesuchen. Die Kinder agieren nach dem Lustprinzip, »Ich will heute nicht« und »Das wünsche ich mir« sind häufig gehörte Sätze. Die Eltern wüssten nicht, warum sie »Nein« sagen sollten, dies würde nur zu Spannungen und Streit führen.

Familie B. hingegen versucht bewusst zu leben, sich einzuschränken und auch den Kindern klar zu machen, dass sich nicht alles um Geld drehen sollte. Sie ignorieren deshalb oft Modetrends, versuchen den neuesten Spielzeugideen aus dem Weg zu gehen, außerdem besitzen sie keinen Fernseher. Die Eltern sind sich einig, dass der Computer nur in den Räumen der Schule genutzt werden soll. Die meisten Strecken werden mit dem Fahrrad zurückgelegt.

Zwischen diesen beiden Familien liegen Welten. Dabei kann ich nicht sagen, dass die eine Familie es richtig macht und die andere falsch. Das Geheimnis liegt vielmehr darin, sich nicht in Extremen zu verlieren, sondern einen gesunden, bewussten Mittelweg einzuschlagen.

Was hilft es, wenn Sie dem Konsumwahn zwar massiven Protest entgegensetzen, Ihre Familie sich aber geradezu auf ein »Inselleben« hin entwickelt! Wir sind Teil einer

sich verändernden Gesellschaft. Es nützt nichts, sich dem Fernsehen, dem Computer oder dem Konsum komplett zu verweigern. Damit geraten Sie nur in eine Außenseiterposition.
Wie viele Kinder gibt es, die zu Hause mit Süßigkeitenverbot oder Fernsehentzug bestraft werden und sich dann beim Nachbarskind ihre »Dosis« heimlich holen! Welches Kind möchte schon ein Außenseiter sein, nie mitreden können oder als Sonderling aufwachsen?
Wir müssen darauf achten, unsere Kinder weder zu Konsumrobotern noch zu -asketen zu erziehen.
Dazu ein Beispiel aus meiner Familie:
Mein Sohn hatte einen Freund, der nachmittags gerne mit ihm zusammen mit Playmobil-Rittern auf einer tollen »Monsterburg« spielte. Dieser Freund hatte nicht nur die Ritter und die Burg. Er besaß zwei Kisten großen Ausmaßes, gefüllt mit allerlei Fahrzeugen, Tieren, Häusern usw. – alles Zubehör zu diesen kleinen Männchen. Doch die Ritterburg hatte es unserem Sohn am meisten angetan. Zum Geburtstag wünschte er sich nichts sehnlicher als das gesamte Equipment zum Thema Ritter.
Zu dieser Zeit mussten wir beobachten, dass unsere »bewussten« Spielzeugkäufe überhand nahmen. Das Kinderzimmer war bereits randvoll mit Spielzeug, welches keiner mehr beachtete. Weil die Kinder mit diesem Zuviel nicht umgehen konnten, wurde in einem gemeinsamen Gespräch beschlossen, keine Burg anzuschaffen.
»Aber ich will sie doch!« war ein oft gehörter Satz in diesen Tagen.
Was also tun?
Wir fanden einen *Mittelweg*. Dieser Weg berücksichtigte den Wunsch und das Bedürfnis unseres Kindes ebenso wie unser Bestreben, nicht noch eine weitere Kiste

Spielzeug in das Kinderzimmer zu stopfen: Unser Sohn bekam zum Geburtstag von seinem Freund eine Kleinpackung Ritter: drei zu Fuß, zwei zu Pferd und einiges an Schnickschnack dazu.
Ganz zufrieden war das Geburtstagskind nicht, wie sich am Abend in einem Gutenachtgespräch herausstellte: »Aber ich wünsche mir doch eine Ritterburg« war die klare Botschaft. In einem Gespräch, das mir selbst auch nicht gerade leicht fiel (Wie konnte ich nur einen Herzenswunsch abschlagen! Rabenmutter! Bin ich zu streng?), vereinbarten wir, gemeinsam eine andere Lösung für eine selbst gebaute Ritterburg anzupacken.
Tage später fiel meinem Sohn ein Pappkarton in die Finger. Zusammen mit seinem Vater und seiner großen Schwester bastelte er sich eine wirklich tolle Ritterburg mit Burgzinnen, Falltür und Zugbrücke. Anschließend wurde tagelang begeistert Ritter gespielt.

Dieses Beispiel soll verdeutlichen, dass es absolut in Ordnung ist, den Kindern auch einmal einen Herzenswunsch zu verweigern. Deswegen sind Sie keine schlechten Eltern. Man kann Kompromisse finden, die beiden Seiten gerecht werden. Das Bedürfnis meines Sohnes wurde ebenso wenig ignoriert wie die Tatsache, dass wir die Anschaffung von neuem Spielzeug kritisch prüfen wollten. Es gibt immer einen Kompromiss. Diesen den Kindern zu zeigen und ihn gemeinsam zu besprechen kann für das zukünftige »Konsumleben« Ihres Kindes sehr hilfreich sein.
Mein Sohn hat sich übrigens schon vier Wochen später überhaupt nicht mehr für Ritterburgen interessiert. Uns blieb dadurch ein weiteres Riesen-Spielzeug, welches nur sinnlos im Kinderzimmer herumsteht, erspart.

WIE SIND KOMPROMISSE MÖGLICH?

Ein Kompromiss ist immer ein Mittelweg: Jeder Partner kommt dem anderen auf halber Strecke entgegen, gibt einen Teil seiner Überzeugung zu Gunsten einer Einigung auf.
Hier einige Kompromissbeispiele aus dem Konsumalltag mit Kindern:

- Der Sohn oder die Tochter möchte unbedingt die teure Designerhose, und keine andere! Die Eltern kaufen sie unter der Voraussetzung, dass das Kind den restlichen Anteil (den Mehrbetrag zu einer »normalen Hose«) selbst beisteuert.
- Wenn die Kinder, vom Pokemonfieber gepackt, sich von ihrem Geld einen Gameboy kaufen wollen, können sie diese Anschaffung tätigen, wenn sie das Reglement beachten, dass 30 bis 40 Minuten Spielzeit pro Tag nicht überschritten werden.
- Wenn die Großeltern den Kindern ein Geschenk für das Osternest oder den Nikolausstiefel machen möchten, kann dies unter der Voraussetzung akzeptiert werden, dass die Geschenke in das Nest oder den Stiefel mit hineinpassen. So wird gewährleistet, dass keine Extrageschenke das Fest zu einer weiteren Konsumorgie werden lassen.
- Die Medienfaszination der Kinder sollten wir nicht unterbinden, sondern durch gemeinsames maßvolles Fernsehen oder Computerspielen zu einem kommunikativen Miteinander aufwerten, wobei auch hier die Eltern klare Regeln aufstellen sollten.
- Manche besonderen Geschenke oder Aktivitäten können als bewusste *Ausnahme* akzeptiert werden.

- Modephasen kann das Kind in einem vernünftigen Maß mitmachen. Trotzdem sollten Väter und Mütter durch Gespräche signalisieren, bis wohin sie diese Trends akzeptieren wollen und wo für sie die klare Grenze ist. Man kann in diesem Bereich viel bewirken, wenn die Kinder nur noch ihr Taschengeld einsetzen dürfen.

Diese Beispiele verdeutlichen, dass Eltern Kompromisse schließen können, ohne ihre Grundeinstellungen vernachlässigen zu müssen.

»Ich habe Angst, die Böse zu sein!« Über das Grenzensetzen und die Furcht, zum Außenseiter zu werden

Immer wieder kann man lesen, dass es zu viele verwöhnte Kinder gibt: Sie zeichnen sich dadurch aus, dass sie wenig Interesse an Leistung und Eigenverantwortung besitzen und gleichzeitig ungeahnte Ausmaße an Wunschvorstellungen haben, die am besten auch noch sofort erfüllt werden sollten.
Mal ehrlich: Kann man die Kinder dafür verantwortlich machen? Liegen die Ursachen nicht schlichtweg in der Angst oder in der Bequemlichkeit der Eltern, Grenzen zu setzen? Das einfache Wort »Nein« kommt manchen Eltern nur noch mit schlechtem Gewissen über die Lippen. Andere Kinder dürfen das sicher! Was passiert, wenn ich »Nein« sage? Jetzt fängt gleich wieder eine Diskussion

darüber an, warum ich das sage! Wir sind die Bösen, die Spielverderber! – Diese Gedanken schießen Eltern regelmäßig durch den Kopf, wenn der Nachwuchs wieder neue Wünsche bekannt gibt.
Einige Kinder vervollkommnen ihre Anliegen, indem sie gleich zu Beginn in besonders forschem und aggressivem Ton klarstellen, dass sie diese auch mit Nachdruck verfolgen werden.
Nicht wenige Eltern haben Angst, ihre Kinder durch die Nichterfüllung ihrer Wünsche ins Abseits zu stellen. Diese Angst gilt es zu entkräften. Stattdessen sollte der Überlegung nachgegangen werden, wie sich wohl die Forderungen und Wünsche der Kinder im Laufe der Jahre weiterentwickeln werden:
Können wir die späteren Ansprüche auch in Zukunft noch finanziell unterstützen? Wie gehen die zukünftigen jungen Erwachsenen damit um, wenn sie ihre Bedürfnisse dann in den eigenen vier Wänden wegen Geldmangels nicht erfüllen können?
Entweder sind die Eltern auch weiterhin für die Finanzzuschüsse der jungen Erwachsenen zuständig oder diese werden gern gesehene neue »Familienmitglieder« der Banken und Kreditinstitute. Nicht wenige frisch gegründete Haushalte basieren auf diesem wackeligen Fundament. Die Schuldnerberatung verzeichnet auch deshalb einen stets größer werdenden Zulauf.

WIR MÜSSEN WIEDER LERNEN, GRENZEN ZU SETZEN

Um wieder einen festeren Standpunkt zum Thema Grenzen zu bekommen, sollten Sie sich folgende Überlegungen durch den Kopf gehen lassen:

»Mein Kind behauptet oft, dass es dies oder jenes unbedingt auch haben möchte, ›weil es alle haben‹«: Es stimmt einfach nicht, dass »alle« Kinder oder Jugendliche das Gewünschte haben! Machen Sie sich die Mühe und fragen Sie einmal bei Ihrem Sprössling nach, wer denn konkret Besagtes wirklich hat. Sie werden meist nicht mehr als drei Namen aus der Klasse oder der Kindergruppe hören. Entkräften Sie mit Nachhaken die angebliche Ungerechtigkeit. Danach fällt es Ihnen ohne schlechtes Gewissen leichter, etwas abzuschlagen oder Grenzen zu setzen.

Wenn Sie sich bewusst Zeit für Ihr Kind nehmen, es einen Teil Ihres Lebens einnehmen darf und Sie eine gute, vertrauensvolle Beziehung zu ihm bilden, dann haben Sie die Basis geschaffen, um nicht aus schlechtem Gewissen heraus Dinge zu erlauben oder grenzenlos zu erziehen. Verwöhnte, »grenzenlos« erzogene Kinder werden oft aus einem schlechten Gewissen heraus genau so erzogen!

Beraten Sie sich mit Ihrem Partner, bevor Sie sich mit Ihren Kindern auseinander setzen. Wenn Sie die verschiedenen Entscheidungssituationen schon im Vorfeld mit einer Vertrauensperson besprochen haben, sind Sie sich im Gespräch mit den Kindern sicherer.

Zu einem späteren Zeitpunkt ist es sehr hilfreich, die Situation zu reflektieren. Dadurch gelingt es, die eigenen Einstellungen zu festigen und eventuelle Fehl-

entscheidungen zu vermeiden. Die Parole heißt hier Rückenstärken!
Grenzen setzen bedeutet nicht, die oder der »Böse« zu sein: Ihr Kind wird in seinem zukünftigen Leben sehr schnell bemerken, dass es überall im Alltag natürliche und soziale Grenzen in der Gemeinschaft gibt. Ein Kind, Jugendlicher oder junger Erwachsener wird in der Gesellschaft ohne die Einhaltung von Grenzen in kürzester Zeit zum Außenseiter. *Ohne frühzeitig gesetzte Grenzen wird ein zukünftiger Erwachsener keine eigene Frustrationstoleranz (die Fähigkeit, mit Grenzen und Fehlschlägen umzugehen) entwickeln können.*

Beim Grenzensetzen ist Folgendes sehr wichtig:

- Zumindest die Eltern müssen sich in der entsprechenden Thematik einig sein, sonst kann es sein, dass der eine dem anderen (unabsichtlich) in den Rücken fällt. Kinder haben ein feines Gespür für interne Uneinigkeiten. Grundsätzlich sind Uneinigkeiten keine Erziehungssünde, doch wenn Ihr Kind in Konsumfragen eine Entscheidung erwartet, wird es bei zwei verschiedenen Meinungen immer die akzeptieren, die ihm das Gewünschte erlaubt. Damit sind Sie keinen Schritt weiter!
- Viele Eltern meinen: Wenn sie ihrem Kind den Grund für die Grenzsetzung nur ausführlich genug erklären, wird es diese leichter akzeptieren, vielleicht sogar verstehen. Diese Meinung kann ich nicht teilen. Es gibt sicher Situationen, in denen wir mit den Kindern über unsere Beweggründe sprechen müssen, aber wenn Dinge bereits besprochen und beschlossen sind, wird die Situation keinesfalls leichter, wenn sich danach

nochmals eine halbstündige Diskussion anschließt. *Ihre klare, kurze Entscheidung unterstützt vielmehr Ihre natürliche Autorität.*

➤ Grenzen sind nur dann sinnvoll, wenn man sie auch einhält. Im Zusammenhang damit stehen auch daraus folgende Konsequenzen, falls die ausgehandelten Situationen und Grenzen nicht eingehalten werden.

➤ Andererseits: Entscheidungen können sich auch ändern. Wenn es gute Gründe dafür gibt, braucht man nicht stur an einmal vereinbarten Grenzen festzuhalten, sondern regelt die Situation neu!

Sie erkennen an den vorangegangenen Zeilen, dass ein wenig Durchsetzungsvermögen und die Bereitschaft zur Auseinandersetzung mit der Familie nötig sein werden, um die allgemeine Konsumbereitschaft auf ein vernünftiges Mittelmaß einzuschränken. Ich möchte noch einmal betonen, dass dies nicht »asketisch« geschehen darf. Unsere Kinder sollen nicht zu Außenseitern werden!
Wir müssen wieder lernen, ohne Reue »Nein« zu sagen. Einfach deshalb, weil es für unsere Kinder, die in eine vielfältigere, veränderte Welt hineinwachsen, zunehmend bedeutsam sein wird auszuwählen, was wirklich wichtig und gut für sie ist!

Das spielzeugreduzierte Kinderzimmer – eine Anleitung zum Glücklichsein

Nach den vielen Aspekten zu Ihrer inneren Stärkung möchte ich nun von einer sehr einfachen, aber effizienten Möglichkeit berichten, die oftmals vorhandene Überfüllung des Kinderzimmers wieder ein wenig zu reduzieren.

Frau M. erzählt von den vollen Kinderzimmern ihrer Kinder:
»In unserer Vierzimmerwohnung teilen sich die zwei Jungen ein größeres Zimmer, die Tochter bewohnt das kleinere Kinderzimmer. In beiden Räumen hat sich in der Zwischenzeit so viel angesammelt, dass die Kinder kaum mehr richtig spielen können. Wenn der gesamte Boden im Kinderzimmer übersät von Legos und Autos ist,

weicht die Meute einfach ins Wohnzimmer aus. Unsere Tochter kann außerdem gar nichts wegwerfen. Sie hat einen regelrechten Sammeltrieb entwickelt. Mir reicht das alles langsam, weil ich wenigstens im Wohnzimmer meine Ruhe und Sauberkeit haben möchte. Die Zimmer der Kinder sind nie in Ordnung. Ich bin froh, wenn ich einmal in der Woche mit dem Staubsauger durchkomme. Wie kann ich die Kinder dazu kriegen, dass sie endlich einmal ein wenig ausmisten?«
Frau K. ergänzt:
»Unsere Kinder haben wirklich viel Spielzeug, trotzdem sitzen sie oft in ihren Kinderzimmern und langweilen sich. Wir gehen dann häufig gemeinsam in den Spielzeugladen und kaufen neue Spielsachen. Damit beschäftigen sie sich auch einige Stunden, doch dann macht sich schon wieder Langeweile breit. Das kann doch nicht ewig so weitergehen. Wo soll ich denn die ganzen Sachen hinräumen? Wie soll ich die vielen neuen Sachen nur ständig bezahlen?«

Mir persönlich ging es ähnlich wie diesen beiden Frauen. Auch in unseren Kinderzimmern sammelte sich die Summe der Geschenke von vielen Geburtstagen, Weihnachtsfesten und Spontaneinkäufen immer mehr an. Als irgendwann nur noch Streit, Unordnung und Langeweile herrschten, besann ich mich auf ein Projekt, welches ich eine Zeit lang in Kindergärten begleitete und für eine Publikation dokumentiert hatte: Dieses Projekt »Spielzeugfreier Kindergarten« basierte auf der Theorie der so genannten primären Suchtprävention. In der Praxis konnte ich beobachten, dass den Kindern dadurch zu mehr Eigeninitiative und bewusstem, kreativem Spiel mit anderen Kindern verholfen wurde. Dies erreichten

die Erzieher/innen durch eine komplette Entnahme allen Spielzeuges. Das Projekt hatte großen Anklang bei Fachleuten, Eltern und auch Kindern gefunden.
Diese positiven Erfahrungen wollte ich auf den privaten Bereich des Kinderzimmers übertragen. Da sich die Situation zwischen einem Kindergarten und dem heimischen Kinderzimmer sehr unterscheidet, bin ich letztlich dazu übergegangen, mit meinen Kindern das Spielzeugangebot in der häuslichen Umgebung lediglich zu reduzieren. Im Kindergarten gibt es immer Spielkameraden, mit denen man Rollenspiele und Ähnliches spielen kann, wogegen es zu Hause im Kinderzimmer eher darauf ankommt, durch die Spielzeugreduzierung einen besseren Überblick zu schaffen. Dem Kind wird durch das Aussortieren unnötiger Spielsachen oft erst wieder bewusst, welche Dinge ihm wirklich wichtig sind. Durch die gewonnenen Freiräume wird plötzlich wieder mehr und intensiver gespielt.

DAS SPIELZEUGREDUZIERTE KINDERZIMMER – EIN KLEINES PROJEKT FÜR ZU HAUSE

Sie haben sich wegen des Übermaßes an Spielzeug und durch Ihren Wunsch nach mehr kreativen Freiräumen dazu entschlossen, das Spielzeugsortiment im Kinderzimmer Ihrer Kinder zu reduzieren. Nun gilt es, die Zustimmung und Mitwirkung der Kinder zu erreichen:

- *Ein erstes Familiengespräch* über die für Sie schwierige Situation (Aufräumen, Streitereien, Langeweile) soll den Kindern zeigen, warum Sie etwas verändern wollen. Dazu kann auch das Argument beitragen, dass im Kinderzimmer viel zu wenig Platz zum Spielen vorhanden ist.

- 1. *Phase*: Oft befinden sich defekte und unvollständige Spielwaren in den Räumlichkeiten. Diese sind auch für hartnäckige Sammler kein Grund zum Aufbewahren und können leicht entfernt werden.
- 2. *Phase*: Fast jedes Kinderzimmer beherbergt Spielsachen aus vergangenen Entwicklungsphasen. Für diese sind die Kinder inzwischen schon zu groß, wie zum Beispiel für Duplo-Legos, wenn schon seit Jahren nur noch mit kleinen Legos gespielt wird. In diesem Fall wird vereinbart, dass die Gegenstände gemeinsam in Kartons verpackt auf den Dachboden oder in den Keller oder Abstellraum gebracht werden.
- 3. *Phase*: Sie besprechen mit den Kindern ihre ersten Ergebnisse: »Seht ihr, jetzt haben wir schon etwas mehr Platz im Kinderzimmer. Wir können noch mehr Platz bekommen, wenn wir noch einen weiteren Teil der Spielsachen aussortieren.« Dazu können Sie wieder gemeinsam Dinge aussuchen, die nur selten gebraucht werden:
  - Im Schrank müssen nicht 20 Bilderbücher stehen, es reichen fünf bis acht Exemplare, die regelmäßig nach Wunsch ausgewechselt werden.
  - Puzzles oder Brettspiele kann man ebenso austauschen und den nicht gebrauchten Rest in einem Spieleschrank verstauen.
  - Kuscheltiere lassen sich je nach Beliebtheitsgrad aussortieren.
  - Puppenstuben, Kaufläden, Rennbahnen etc. bringen Sie auf den Dachboden oder in den Keller und holen sie jeweils nur im Wechsel heraus.

– Angesammelter »Krimskrams« kann in Kisten verpackt, liebevoll beschriftet und weggepackt werden. (Ein stichhaltiges Argument für eine Reduzierung kann übrigens die Versicherung sein, dass diese Gegenstände allesamt nicht endgültig weggeschlossen oder weggegeben werden, sondern jederzeit wieder hervorgeholt werden können.)

- 4. *Phase*: Wenn Sie nun einen guten Teil des bisherigen Spielzeugs ausräumen konnten, haben Sie wesentliche Freiräume und sicher einiges an freiem Platz im Kinderzimmer gewonnen. Sie und Ihre Kinder werden sehen, dass viele dieser Gegenstände nicht einmal vermisst werden.
- 5. *Phase*: Nach einigen Wochen möchte Ihr Kind ein bestimmtes weggeräumtes Spielmaterial wieder zum Spielen haben. Diese Situation ist keinesfalls ungewollt und sollte positiv genutzt werden: Sie können mit dem Hinweis antworten, dass Sie das Gewünschte gemeinsam herausholen können, es aber sinnvoll wäre, etwas anderes (ein Spielzeug, welches im Moment weniger beliebt ist) dafür wegzuräumen. Auf diese Weise beugen Sie einer schleichenden Wiederherstellung der Überfüllung vor.
  Dabei lernt und praktiziert Ihr Kind etwas ganz Wichtiges: Es muss sich für etwas entscheiden, es muss sich überlegen, was ihm wirklich wichtig ist. *Das Setzen von Prioritäten ist eine Fähigkeit, die es für sein weiteres Leben lernen muss!*

Es gibt inzwischen einige Familien, die mir erste Rückmeldungen zu diesem Projekt geliefert haben: Es war nicht immer ganz leicht, die ersten Schritte mit den Kindern zu erwirken, aber alle waren letztendlich nach der

Durchführung der verschiedenen Phasen begeistert, wie viel Platz und Freiräume für die Kinder entstanden sind. Oftmals vermissten sie ihre weggeräumten Spielsachen und die »Krimskramskisten« nicht im Geringsten, denn die für sie wirklich wichtigen Spielsachen durften sie ja behalten.
Einige Eltern haben mir erzählt, dass sie regelrecht glücklich mit der neu gewonnenen Kreativität ihrer Kinder seien. Sie konnten in ihrer Familie beobachten, dass plötzlich einfache Gegenstände wie Decken, Tücher und ein freies Rollenspiel Einzug in ihre Kinderzimmer fanden.
Vielleicht ist das spielzeugreduzierte Kinderzimmer ja wirklich eine Anleitung zum Glücklichwerden?

SPIELZEUGREDUZIERT AUF PROBE – EIN URLAUBSPROJEKT

Für alle Familien, die sich das eben geschilderte Projekt für sich noch nicht richtig vorstellen können, aber neugierig geworden sind, möchte ich eine einfache Probephase im Urlaub vorschlagen: Fahren Sie doch einfach einmal ohne großen Spielzeugkoffer in den Urlaub!
Diese Idee ist in meiner Familie aus der Not heraus entstanden, dass nie genug Stauraum für weiteres Spielzeug vorhanden war. Vor einer Flugreise beschloss mein Mann, dass wir nur sehr begrenzt Spielzeug einpacken würden. Die Kinder einigten sich mit uns darauf, Sandspielsachen, ein paar Blatt Papier, Stifte und ein Kartenspiel mitzunehmen.
In den zwei Urlaubswochen wurden lediglich das Karten-

spiel und die Sandsachen benutzt. Amüsiert betrachteten wir den prall gefüllten Spielzeugkoffer des Nachbarkindes, welcher die ganze Zeit über nicht zum Einsatz kam.
Wenn Sie sich einmal überlegen, welche Voraussetzungen Sie und Ihr Kind auf einer Urlaubsreise erwarten, fällt Ihnen sicher ein, dass es entweder Sand, Meer, Wald, Wiesen, Berge, einen Campingplatz oder einen Swimmingpool und viele andere Kinder gibt. Dazu kommen ausgeruhte Eltern oder andere erwachsene Bezugspersonen, die viel Zeit und Muße für gemeinsame Erlebnisse mitbringen. Wozu dann noch Spielsachen mitnehmen?
Nach solch einem (geglückten) Probelauf kann man anschließend sehr geschickt zu einem Anschlussprojekt »Spielzeugreduziert zu Hause« übergehen. Sie können auf die schöne Zeit ohne Spielsachen in Ihrem Urlaub verweisen. Diese haben die Kinder sicher auch noch in positiver Erinnerung.

Das verplante Kind

Herr I. sagt in kleiner Runde während eines Elternabends der 1. Klasse:
»Wenn Sie gestatten, möchte ich eine Frage stellen, die mich und meine Frau schon länger beschäftigt:
Wir wohnen in einem Neubaugebiet, welches von vielen jungen Familien mit Kindern aller Altersgruppen bevölkert wird. Trotzdem passiert es unserer Tochter immer wieder, dass die Freundinnen in ihrem Alter oft am

Nachmittag nicht da sind und ihr langweilig ist. Meine Frau hat sich über den Grund der Abwesenheit bei den Nachbarmüttern informiert. Sie bekam zur Antwort, dass die Kinder in das nahe Kinderkulturzentrum gefahren werden, um dort malen zu lernen, im Schwimmkurs sind, die Kindergruppe der Kirche besuchen oder zum Turnen gehen. Unsere Tochter zeigte bisher kein Interesse an solchen Freizeitbeschäftigungen, deshalb sind wir terminlich auch nicht so gebunden. Aber meiner Frau geht es immer öfter so, dass sie fast ein schlechtes Gewissen hat, weil wir unser Kind eventuell nicht genügend fördern. Ich bin der Meinung, dass wir der Schüchternheit unserer Tochter gerade durch eine Kindergruppe etwas entgegensetzen könnten. Nun wissen wir nicht, was wir tun sollen.«

Viele Eltern fördern ihre Kinder heutzutage durch ein bemerkenswert interessantes, vielseitiges und kindgerechtes Kursangebot der verschiedensten Anbieter. Es ist schön, die Stärken und Vorlieben der Kinder zu vertiefen, sie zur vollen Entfaltung kommen zu lassen. Doch muss man sich auch vor einer zu starken Verplanung der lieben Kleinen in Acht nehmen. Ich kenne Kinder, die montags beim Turnen sind, dienstags in der Musikstunde, mittwochs in der Malstunde und am Freitag im Ballett.
Wenn man sich vorstellt, dass diese Kinder vormittags stundenlang in der Schule sitzen oder von acht bis dreizehn Uhr im Kindergarten durch verschiedenste Angebote und eine große Kindergruppe gefordert sind, möchte man ihnen ein wenig mehr unverplante freie Zeit gönnen. Freie Zeit zur freien Entfaltung des individuellen Seins oder einfach nur, um draußen mit den

Nachbarskindern und den Freunden die Spiele zu spielen, die schon unseren Großeltern Spaß gemacht haben. Warum gönnen wir unseren Kindern nicht diese Mußestunden, in denen sich die herrlichsten Spielsituationen wie von alleine und ganz ohne Planung ergeben?

Natürlich können und sollen Sie Ihr Kind durch Kursangebote fördern, aber meiner Meinung nach sollte dies an maximal zwei Tagen pro Woche stattfinden. An den anderen Tagen lernen die Kinder im freien Spiel auf vielfältigste Weise. Die wenigsten Eltern wissen, dass die geistige Entwicklung ihres Kindes auch mit der Entwicklung der motorischen Fähigkeiten wie klettern, balancieren, Roller und Fahrrad fahren zusammenhängt. Ein Kind, das diese körperlichen Erfahrungen und Fähigkeiten erwirbt, bewerkstelligt mehr als »nur spielen«, es lernt, sein Gehirn reift dabei heran. Außerdem entwickelt das Kind im ungebundenen Spiel mit verschiedenen Kindern Sozialverhalten, das im weiteren Leben für den Umgang mit anderen Menschen unabdinglich ist.

Die Kinderzeit ist die einzige Zeit im Leben der zukünftigen Erwachsenen, in der sie ohne Hast und Terminkalender einfach nur sie selbst sein und sich frei entwickeln können. Erziehen wir deshalb unsere zukünftige Generation nicht dazu, jeden Tag nach Plan zu verbringen.

Kinder, die gewohnt sind, in ein wöchentliches Pensum von festgesetzten Programmpunkten eingebunden zu sein, tun sich mit der Zeit schwer, freie Aktivitäten zu entwickeln. Daraus resultiert häufig Langeweile, sobald kein »Programm« geboten ist. Manch ein Kind empfindet die elternbestimmte Freizeitplanung sowieso nur noch als Freizeitstress.

Der zehnjährige Marco zu Gisela, seiner Turnlehrerin im Verein:
»Mensch, Gisela, wenn wir deine Entspannungsübungen machen, kann ich mich mal so richtig ausruhen. Ich bin schon ganz geschafft. Der Donnerstag ist besonders stressig. Zuerst muss ich in die Schule, danach schnell nach Hause und Hausaufgaben machen. Da muss ich mich aber wirklich schon wieder beeilen, weil ich gleich zu meiner Geigenstunde muss und danach komm ich noch zu dir. Dann muss ich noch turnen und dann ist mein anstrengendster Tag in der Woche vorbei.«
Warum MUSS Marco eigentlich immer???

Wenn schon, denn schon! Bewusster Konsum bedeutet mehr Genuss

Um diese These für Sie besser nachvollziehbar zu machen, möchte ich Sie einladen, gedanklich einmal in Ihre Kindheit zurückzugehen. Vielleicht hatten Sie früher einen ganz besonderen Wunsch. Etwas, das Sie sich sehnlichst wünschten und das erst nach langem Warten in Erfüllung ging. Ich kann mich noch gut an das Gefühl erinnern, wenn dann der große Tag endlich kam. Es waren Stunden des Glücks, das Gewünschte wurde gehegt und gepflegt, es wurde richtig gut darauf »aufgepasst«.
Mit Geschenken ist es wie mit diesen Schokoladennikoläusen: Wenn man schon vor dem Nikolausabend von

der Nachbarin, im Turnverein, im Kaufhaus und von der Oma einen bekommt, verliert der Nikolaus im Nikolausstiefel an Wert, weil sich ein gewisser Gewohnheitseffekt eingeschlichen hat. Der besondere Stellenwert des Einmaligen, auf wenige Zeit Begrenzten ist verwässert. Das begehrte Weihnachtsgebäck schmeckt auch nur zu Weihnachten gut, keiner käme auf die Idee, im Sommer Mandelspekulatius oder Nussmakronen zu essen.
Warum nehmen wir also unseren Kindern dieses Gefühl der Einmaligkeit und des Besonderen, indem sie immer und überall beschenkt und beglückt werden?
Zwei Beispiele:
Beinahe jede Woche geht Familie A. in das beliebte Fastfood-Restaurant zum Essen. Die Kinder wünschen sich eines dieser Kindermenüs, die mit einem kleinen Spielzeug angereichert werden. Frau A. ärgert sich zwar

darüber, dass die Kinder nach kurzer Zeit schon wieder hungrig sind, aber dieser Nachmittag ist fast schon Tradition. Im Kinderzimmer finden die verschiedenen Themenspielzeuge kurze Zeit Aufmerksamkeit, dann wandern sie unters Bett oder die Mutter entsorgt sie klammheimlich.
Auch Familie J. geht gerne in dieses Fastfood-Restaurant – allerdings nur im Urlaub. Als besonderen Höhepunkt wünschen sich die Kinder auch hier die Junior-Tüte mit den beiliegenden Spielsachen. Die Eltern wissen, dass es sich bei diesem Spielzeug zwar nur um Billigproduktionen ohne längeren Spielwert handelt, aber die Kinder freuen sich so auf diesen besonderen Tag! Ganz aufgeregt äußern sie alle gleichzeitig ihre Wünsche, überlegen sich gemeinsam den wohl besten Platz und debattieren darüber, was sie anschließend im Kugelbad

spielen werden. Schon beim Essen werden die kleinen Spielzeuge ausgepackt und die Augen leuchten. Das Ganze ist eine Ausnahme, das wissen auch die Kinder. Deshalb genießen sie diesen Besuch besonders.
Ich denke, dass Sie an diesen zwei Beispielen erkennen konnten, worum es beim bewussten Konsum geht. Bewusster Konsum bedeutet

- keinesfalls Askese und ein rigoroses Verbot von Dingen, die Spaß machen und »in« sind,
- sich bewusst für etwas entscheiden, darüber debattieren und Überlegungen anstellen – nicht aber sofort kaufen,
- wieder Situationen herbeiführen, die etwas Besonderes sind,
- Kindern vermitteln, was Genuss bedeutet: zum Beispiel sich gegenseitig mit einem Noppenball massieren, ein Stück Schokolade so lange auf der Zunge zergehen lassen, bis es gänzlich verschwunden ist, sich an einen besonders schön gedeckten Tisch mit Kerzen, Tischdecke und dem Lieblingsessen setzen usw.

Die Welt unserer Kinder und deren Umwelt hat sich stark verändert. Es gibt hundert Möglichkeiten und noch mal hundert Alternativen für ein und denselben Vorgang. Wir Eltern sind in der schwierigen Lage, die zukünftige Generation auf einen Weg durch die immer enger werdende Konsumspirale zu führen. Dabei sind wir im Prinzip in der gleichen Lage wie schon unsere Eltern. Auch wir müssen in Situationen entscheiden, in welchen wir uns als Kind nie befunden haben. Oft hat ein einfacher Satz uns damals schnell die Begrenztheit unser Kon-

sumideen aufgezeigt. Viele hörten es äußerst ungern, wenn Vater oder Mutter antworteten: »Das können wir uns nicht leisten!« Diskussionen und endlose Debatten erübrigten sich.
Vielleicht liegt der Grund für die heute stetig steigende Konsumbereitschaft darin, dass es sich dabei schlicht um eine Ersatzbefriedigung handelt? Ersatz aber wofür? Der sich daran gleich anschließenden Frage »Was brauchen Kinder heute wirklich?« wollen wir im letzten großen Kapitel nachgehen.

WAS BRAUCHEN KINDER HEUTE WIRKLICH IN IHRER ERZIEHUNG?

Es erscheint Ihnen sicher sinnvoller, statt einer Ersatzbefriedigung die wirklichen Bedürfnisses Ihres Kindes zu erfüllen. In den nachfolgenden Kapiteln werden die wichtigsten Aspekte der Erziehung erläutert, die den Herausforderungen der veränderten Welt von heute am besten gerecht werden.

Eltern sind die ersten Vorbilder

Können Sie sich vorstellen, dass ein kleines Kind, würde es einen lila Elefanten an seinem Fenster vorbeischweben sehen, nichts Besonderes daran finden würde?
Für das Kind wäre dies nichts Sensationelles, weil es in seinem bisherigen kurzen Leben noch so wenig Erfahrungen gemacht hat, dass es jeden neuen Eindruck als etwas ganz Normales erfassen würde.
Auch wenn Vater und Mutter täglich viele Stunden vor dem Fernseher sitzen, sich im täglichen Konsumrausch ergehen oder den Tag mit Computerspielen verbringen würden: Dies wären für dieses Kind Eindrücke, die es als Alltag und Normalität empfinden würde.
Dazu ein Beispiel aus der Familie T.:
Schon als kleines Kind bekam Lilli mit, dass ihre Mutter immer, wenn sie Kopfschmerzen hatte, eine Tablette dagegen einnahm. Und als sie selber später in die Schule ging und sie die wichtigen Probearbeiten nicht verpassen sollte, gab man ihr Grippemittel, als sie krank war. Sie erkannte schnell, dass gegen jedes körperliche Unwohlsein ein Medikament half. Deshalb wurde es für Lilli im späteren Jugendalter selbstverständlich, sich selbst

aus dem Medikamentenschrank der Eltern zu bedienen. Als sie eines Tages ein netter junger Mann in der Disko ansprach, ob sie eine Ecstacytablette probieren wollte, waren ihr Tabletten und ihre wohltuende Wirkung von klein auf ebenso vertraut wie der unbedarfte Umgang damit. Deshalb griff sie ohne Zögern zu!

Anhand dieses sehr drastischen Beispiels möchte ich verdeutlichen, wie wichtig Ihr Vorbild in der Konsumerziehung der Kinder ist. Viele Eltern unterschätzen ihren täglichen Einfluss durch ihr eigenes Verhalten. Im Kindergarten und in der Schule bekommen die Pädagogen die Probleme der Eltern zu hören, nicht ohne deren große Erwartung, dass diese Institutionen die Sache schon ausbügeln werden. Für viele Konsumgepflogenheiten wurden die entscheidenden Weichen aber schon durch die Eltern gestellt, eine Umorientierung erscheint im Nachhinein oft schwer zu bewerkstelligen.

Was ist also zu tun?

Denken Sie immer daran, dass Kinder die Erwachsenen von klein auf beobachten und als ihre Vorbilder sehen. Wenn Sie wollen, dass Ihr Kind die Freizeit lieber im Spiel mit anderen Kindern statt vor dem Fernseher verbringt, sollten auch Sie tagsüber den Fernseher nur in Ausnahmefällen einschalten. Wenn Sie möchten, dass Ihr Kind nicht einen Wunsch nach dem anderen erfüllt bekommen will, ist es wichtig, dass auch Sie überlegen, welche Anschaffungen Ihnen wichtig sind und auf welche verzichtet werden kann. Wenn darüber hinaus die Kinder in diese Prozesse des Bewusstmachens noch eingebunden werden, wird Ihnen eine positive Konsumerziehung gelingen.

Das Bedürfnis nach Liebe, Geborgenheit und Anerkennung

Die Erfüllung dieser drei Bedürfnisse stellt in der Erziehung der Kinder zu selbstbewussten, lebensbejahenden Persönlichkeiten die Basis schlechthin dar. In der pädagogischen Fachsprache wird dieser Prozess »Lebenskompetenzförderung« genannt.
Nun werden viele Leser denken, dass im Zeitalter der meist geplanten und erwünschten Schwangerschaften die Kinder sicher genug Liebe und Anerkennung finden. In der Tat werden die Schwangerschaft und die Ankunft eines Kindes sehr bewusst und mit viel erlesener Sachkenntnis erwartet. Trotzdem schwingen mit der Geburt des Nachwuchses viele Erwartungen der Eltern mit:
Mein Kind soll es einmal besser haben!
Mein Kind soll mir möglichst ähnlich sein, die gleichen Vorlieben, ein ähnliches Temperament wie mein Partner haben!
Mein Kind soll in der Schule und im Beruf einmal gut abschneiden!
Liebe für das neu entstandene Leben ist in den meisten Fällen mehr als genug vorhanden. Doch werden die Liebe und die Anerkennung in vielen Fällen mit der Erfüllung der eigenen Erwartungen an das Kind verbunden. Botschaften werden vermittelt wie »Du musst aber so sein, damit wir dich mögen«. Besonders kompliziert wird es bei schwierigen Kindern und Kindern, die nicht so ohne weiteres »funktionieren«.

Dazu wieder ein Beispiel aus meiner eigenen Familie:
Meine Tochter war in den ersten zwei Schuljahren eine

sehr schlechte Leserin. Auch die recht simplen Ratschläge der Lehrerin halfen uns nicht weiter. Wir sollten mehr üben. Doch wir übten nur mehr und mehr Druck auf das Kind aus. Gleichzeitig verschlechterten sich das Lesevermögen und das Selbstbewusstsein des Kindes zunehmend.
Nach einiger Zeit entdeckte ich einen der wichtigsten Gründe für das »Versagen« meiner Tochter in meinen eigenen, nonverbal vermittelten Erwartungen: Wie kann mein Kind schlecht in Deutsch sein! Im Gegensatz zur Mutter, die so gerne liest und mit Sprache arbeitet!
Erst als ich wieder lernte, meine Tochter so anzunehmen, wie sie ist, mit ihren Stärken und Schwächen, waren erste Leseerfolge zu verzeichnen.
Nebenbei: Sie ist eine echte Leseratte geworden, die bereits kleine Geschichten schreibt

Ich möchte mit diesem Beispiel verdeutlichen, wie sehr Kinder die positive Unterstützung der Eltern brauchen. Es ist wichtig, sie nicht irgendwie hinzubiegen, sondern ihnen ihre eigene Art zuzugestehen. Das ist nicht zu verwechseln mit Laisser-faire. Es bedeutet nicht, dass Sie keine Grenzen setzen sollen, sondern dass Sie sich anschauen, welche Persönlichkeit sich hier entwickelt und wie Sie diese unterstützen können.
Ich weiß, dass es für eine aufgeschlossene, gesellige Familie sehr schwer ist, wenn sie ein schüchternes Kind in der Familie hat. Ebenso fällt es Eltern schwer, ihr aggressiv veranlagtes Kind anzunehmen, wenn der Rest der Familie durchweg harmoniebedürftig und pazifistisch veranlagt ist. Sportlich engagierte Eltern halten es kaum für möglich, dass ihr Kind völlig unbegabt für alles Athletische ist. Aber trotzdem haben diese Kinder das

Recht, so sein zu dürfen, wie sie sind. Dadurch entwickeln sie ihr eigenes Selbstbewusstsein, denn sie verstehen: Ich bin gut, so wie ich bin!
Kinder, die wenig Liebe, Anerkennung und Geborgenheit erfahren, versuchen dieses Fehlen durch Ersatzbefriedigungen wie den übermäßigen Konsum von Süßigkeiten oder später permanente Konsumwünsche auszugleichen. Nicht wenige Jugendliche beginnen zu rauchen oder Alkohol zu trinken, weil sie damit einen Weg sehen, ihr fehlendes Selbstbewusstsein zu kompensieren.

Grenzen sind wie ein Geländer – man kann sich daran festhalten

Vielleicht kennen Sie den Spruch »Der hat seine Grenze aber wirklich gesucht«. Als Pädagogin verwende ich ihn gerne, wenn ein Kind mich so lange nach seiner Grenze austestet, bis ich letztendlich »Schluss jetzt« sage.
Mein Sohn versucht diese Grenzen täglich neu zu umgehen oder aber auszutesten. Es gibt Kinder, die das immer wieder brauchen. Das bedeutet keinesfalls, dass sie die Grenzen nicht akzeptieren. Es ist vielmehr so, dass diese Kinder ständig aufs Neue überprüfen müssen, ob die Regeln nach wie vor die gleichen sind. Manche Jungen und Mädchen brauchen dazu länger, andere akzeptieren diese ganz schnell.
Keineswegs akzeptabel sind unausgesprochene und unklare, sich ständig verändernde Regeln. Damit kann ein Kind gar nichts anfangen. Deshalb muss es so lange fordern und ausprobieren, bis es weiß: Stopp hier!

Regeln und Grenzen geben Ihrem Kind Sicherheit. Es weiß, ich kann bis hierhin gehen, dann ist Schluss. Grenzen sind eine Art Sicherheitsgeländer – man kann sich daran festhalten. Sie stellen eine gewisse Ordnung dar. Grenzenlose Kinder kennen keine Regeln – sie können ihre Eltern mit ihrem Verhalten und dem ständigen Quengeln nach ihren Wunschobjekten bis zur Weißglut bringen.
Wenn Eltern rechtzeitig bewusste und überlegte Grenzen setzen, ersparen sie sich viele spätere Auseinandersetzungen.

Mein Mann betrat einmal mit unseren zwei Kindern die Bäckerei. In den Glasvitrinen waren die verschiedenen Backwaren und die süßen Schlemmereien besonders schön aufgereiht. Im nebenstehenden Regal waren die unterschiedlichsten Schlecksachen und Süßigkeiten appetitlich in kleinen Behältnissen aufbewahrt. Er kaufte mit den Kindern das Brot für das Abendessen. Die Kinder nahmen Anteil, schauten die Süßigkeiten an, unterhielten sich miteinander und wandten sich zum Gehen. Die Verkäuferin fragte erstaunt: »Was machen Sie eigentlich mit Ihren Kindern? Die Kinder der anderen Familien quengeln ihre Eltern so lange an, bis sie letztendlich etwas kaufen dürfen. Vorher geben sie keine Ruhe.« Mein Mann – er ist Hausmann – entgegnete damals, dass es bei uns zu Hause eine Regel gebe, die schon immer beachtet wurde: Im Laden werden Süßigkeiten selten spontan an der Kasse gekauft. Viel lieber überlegen wir schon vor dem Wocheneinkauf, welche Süßigkeiten wir für unsere Wochenration einkaufen wollen. Damit erspart er sich Zeit und Nerven und erntet manch bewundernde Blicke.

Natürlich gehören zu den Grenzen auch die Konsequenzen. Wenn Ihr Kind die Grenzen nicht anerkennt, dann muss nach ein bis zwei liebevollen Ermahnungen eine Konsequenz erfolgen. Früher nannte man das Strafe. Da ich selbst aber mit diesem Begriff nur Negatives und Strenge verbinde, möchte ich ihn nicht in den Vordergrund stellen. Trotzdem geht es vor allem bei Kindern, die ihre Grenzen austesten, nicht ohne ein »Stoppschild«.

Konsequenzen sollten sich in einem Rahmen bewegen, in welchem das Kind nicht mit Härte bestraft, sondern inhaltlich mit dem Problem konfrontiert wird. Sie sollten deshalb immer in einem engen Zusammenhang zur Grenzüberschreitung stehen und unmittelbar folgen. Ein Kind, welches einen Gegenstand eines anderen Kindes zerstört, sollte zum Beispiel an der Reparatur oder Neubeschaffung maßgeblich (auch finanziell) beteiligt werden.

Das Bedürfnis nach Selbstständigkeit

»Mama, anziehen!« »Papa, Honig her! Butter!«
Kennen Sie das? Leider erblicken unsere Kinder die Welt nicht als Fertigmodell mit allen Fähigkeiten, die man zum Leben braucht. Wir sind eben Nesthocker und brauchen eine Weile, bis wir alles Notwendige können.
Aber warum wollen und können sich immer weniger Kinder sogar mit den einfachsten Dingen selbst versorgen? Ich begegne in meiner Arbeit als Erzieherin Kindern, die sich im Kindergartenalter nicht selbstständig an- und ausziehen können. Es gibt Kinder, welche die Hausaufgaben oder kleinere Aufträge nicht ohne Hilfe der Eltern ausführen. Das Mineralwasser wird ihnen eingeschenkt, das Brot in Puzzleteile geschnitten. Allgemein halte ich viele heutige Kinder für unselbstständig. Mit schuld daran sind auch die Eltern, die ihren Kindern aus falsch verstandener Liebesbezeugung alles hinterhertragen und sie auch dann noch umsorgen, wenn es für die Entwicklung ihres Kindes längst gut wäre, etwas allein zu »wagen«.
Ich finde das schade, denn Selbstständigkeit führt nicht nur dazu, dass Kinder und junge Menschen selbst etwas vollbringen können, sondern sie hilft ihnen auch dabei, ein eigenes Selbstbewusstsein und ein besseres Selbstverständnis zu entwickeln.
Erinnern Sie sich noch an das Gefühl aus vergangenen Tagen, als Sie das erste Mal die Schnürsenkel richtig binden konnten? Das war ein ganz großer Moment. Man war unglaublich stolz auf die vollbrachte Tat und wuchs innerlich ein ganzes Stück. Ich dachte: »Mensch, ich bin schon groß! Ich kann was – ich bin wer!«

Dazu ein Beispiel, warum Kinder in unserer Konsumgesellschaft Selbstbewusstsein brauchen, um nicht ständig dem Konsumdiktat anderer unterworfen zu sein: Julia scheint in ihrer Klasse die Einzige zu sein, die keine Markenjeans besitzt. Schnell hat sie gemerkt, dass sie darum von vielen ihrer Mitschülerinnen nicht für voll genommen wird. Dabei wäre sie so gern anerkannt. Mit einem entsprechend großen Selbstbewusstsein wäre es kein Problem für sie, die Gruppe zu überzeugen, dass es noch andere Dinge im Leben gibt als Markenklamotten. Julias Eltern können ihr in dieser Situation vor Ort leider nicht beistehen, doch sie hätten bei ihr schon als kleines Mädchen den Grundstein für innere Stärke legen können.
Sie sollten dem Kind durch Ihre Erziehung helfen, indem Sie ihm von klein auf etwas zutrauen. Das heißt unter-

stützen, wo es auf Hilfe angewiesen ist, und es in die Eigenständigkeit entlassen, wenn es dazu in der Lage ist. Deshalb müssen Eltern auch loslassen können.
Ich weiß, dass dies nicht immer so einfach ist. Aber was spricht dagegen, wenn ein sechsjähriges Kind ein Tablett mit zwei Gläsern vom Wohnzimmer in die Küche trägt? Was kann passieren? Im schlimmsten Fall gibt es Scherben. Wenn Ihrem Kind jedoch diese Aufgabe gelingt, ist es sicher stolz auf sich und wird genügend Selbstbewusstsein aufbringen, um eine neue Herausforderung anzunehmen. Vielleicht die Brötchen für die Familie beim Bäcker holen?

Freundschaft und Beständigkeit

Kinder haben Freundschaft und Beständigkeit ebenso nötig wie Grenzen und Liebe.
Beständigkeit bedeutet für sie eine feste Konstante in einem sich stetig verändernden Umfeld. Unter diesem Begriff verstehe ich nicht Enge und Starre, sondern einen festen Punkt in der Familie, von dem aus sich das Leben mit einer gewissen Rückendeckung erobern lässt.
Vor allem benötigen Kinder andere Kinder. In unseren heutigen Familienstrukturen gibt es zunehmend kleinere Familien, was bedeutet, dass viele Kinder nur mit einem oder auch keinem Geschwisterkind aufwachsen. Im Vergleich dazu hatten unsere Eltern und Großeltern damals in den Großfamilien viel sozialen Spielraum für das

Erlernen der sozialen Kompetenzen wie Teilen, Verzichten usw.
Deshalb sind Freundschaften für unsere Kinder so wichtig. Im Umgang mit anderen und gleichaltrigen Kindern erlernen sie alle Formen des Zusammenlebens und Kommunizierens. Sie lernen in diesem Bereich voneinander wesentlich mehr, als wenn Erwachsene ihnen etwas vormachen und erwarten, dass die Zusammenhänge vom Kind gleich erkannt werden.
Leider aber fehlt es den Kindern und Jugendlichen häufig an intensiven Freundschaften. Man hat heute viele Bekannte, trifft diesen und jenen, aber dauerhafte Freundschaften sind immer seltener zu finden. Vielleicht liegt es daran, dass die Kinder viel im Haus spielen und oft in vorgeplante Spiel- und Freizeitsituationen eingebunden sind. Wen wundert es, dass die Spielzeugindustrie dafür scheinbar die richtige Lösung anzubieten hat. Die superschlanke Plastikpuppe wird zur besten Freundin, der megastarke Supermann versinnbildlicht einen echt coolen Heldenfreund. Oder darf es vielleicht ein bisschen Internetfreundschaft sein?
Ich möchte nicht falsch verstanden werden. Die zukünftige Generation soll alle neuen Errungenschaften nutzen und erproben. Aber was hilft ein virtueller oder imaginärer Freund, wenn ich zu Hause sitze und es mir langweilig ist? Dann ist da trotzdem niemand, der mit mir Ball spielt.

Hineinwachsen in die virtuelle Medienlandschaft

Wie schon an früherer Stelle beschrieben, wachsen unsere Kinder zunehmend in eine komplette Medienlandschaft hinein. Vom Aufstehen bis zum Zubettgehen finden wir uns in einem Teppich aus Radiomusik, Werbeeinspielungen, Zeitschriften und Zeitungen, Videoaufzeichnungen, Fernsehsendungen, Videospielen, Internetseiten und Computeranwendungen wieder.

Ein Teil unserer Erziehung wird sein, den zukünftigen Erwachsenen zu helfen, ein stabiles Ich in der realen Welt genauso wie in einer virtuellen Welt aufzubauen.

Eltern und Kinder müssen lernen, dass nicht der virtuelle Bereich wie das Internet oder die Videospielkonsole den Menschen beherrschen soll, sondern umgekehrt der Mensch den Umgang mit den Medien.

Der bewusste Umgang mit den technischen Möglichkeiten der neuen Medien bedeutet nicht, die Kinder unter eine schützende Glasglocke zu stellen. Eltern und Kinder sollten gemeinsam eine sinnvolle Nutzung der neuen Medien besprechen. Deshalb sollten Eltern sich medienpädagogisch informieren, sich kundig machen, damit sie den richtigen Umgang kompetent anleiten können.

Trotz aller Erfahrungen und Lernmöglichkeiten, die die neuen Medien bieten, ist es mir ein Bedürfnis anzumerken, dass es nach wie vor für die Kinder am wichtigsten ist, reale Grunderfahrungen mit den fünf Sinnen des Menschen zu machen. Sie bilden die Basis für zukünftiges Lernen und Entwickeln.

Freiheit zur Entfaltung

Wenn ein Kind morgens aufsteht, wird es spätestens ab dem Kindergarten- und Schulalter in ein Zeit- und Aktionsraster gedrängt: aufstehen, essen, Zähne putzen und ab in eine geregelte Institution. Schulkinder müssen auch noch ordentlich was leisten, still sitzen und die Ordnung wahren.

Kinder werden heute nach der Schule und dem Kindergarten nicht ohne weiteres in die Freiheit entlassen, auch hier gibt es Beschränkungen, Einschränkungen und Planungen. Wo erleben Heranwachsende denn noch Freiheit und ein eigenes kindliches Refugium? Viele Eltern trauen sich nicht einmal mehr zu, die Kinder alleine auf den Spielplatz zu schicken. Sie glauben auf Grund der durch die Medien hochgespielten tragischen Einzelfälle, dass ihre Kinder grundsätzlich nicht mehr sicher seien. Vermeintliche Gefahren und Probleme lauern an jeder Ecke, sodass der kindliche Spielraum deutlich eingeschränkt ist.

Deshalb wird eine zunehmende Verplanung der Freiräume immer attraktiver ausgestaltet und verführerisch für die nach Sicherheit strebenden Eltern angeboten. Wo und wie kann sich ein Kind unter diesen Bedingungen aber noch seinen eigenen Kräften und Möglichkeiten entsprechend entwickeln?

Jan-Uwe Rogge beschreibt diesen Zustand der ständigen Beaufsichtigung treffend, wenn er sagt, dass hinter jedem Baum inzwischen eine Mutter steht, die nicht nur aufpasst, sondern auch gleich Ratschläge und Verbote parat hält.

Parallel dazu müssen wir versuchen, unsere Kinder nicht in ein bestimmtes Verhaltensschema zu pressen, wo-

nach Kinder so und so zu sein hätten (am besten geräuschlos, sauber und höflich).
Weiterhin hat sich die Konsumindustrie, vornehmlich die Spielzeughersteller, darauf konzentriert, den »Konsumkids« so viele vorgefertigte Angebote an Spielwelten anzubieten, dass sie selbst nicht mehr kreativ sein müssen. Dieses Ansinnen sehe ich als Feind aller zukünftiger menschlicher Entwicklung. Kinder, die nicht mehr kreativ sein müssen, verlieren ihre Fantasie und ihr Vermögen, Neues für die zukünftigen Generationen zu schaffen.
Deshalb müssen wir darauf achten, dass die Generation unserer Kinder trotz einer sich verändernden Gesellschaft und Umgebung weiterhin genügend Freiräume behält. Darunter verstehe ich räumliche und zeitliche Entfaltungsmöglichkeiten genauso wie die Freiräume in den Köpfen unserer Kinder.

SCHLUSSWORT

Es liegen Monate des Sammelns, Überlegens und Schreibens hinter mir. Es war mir ein echtes Bedürfnis, all die Fragen und Situationen, mit denen Eltern zu mir um Rat gekommen sind, ein weiteres Mal in Buchform zu bringen.
Ich weiß, dass in Fragen des alltäglichen Konsums viel Unsicherheit besteht. Mir selbst ergeht es immer wieder aufs Neue ebenso. Soll ich nun Ja oder Nein sagen? Wo beginnt meine Grenze und mit welchen Einschränkungen mache ich mein Kind gar zum Außenseiter?
In unserer Gesellschaft und auf den Lehrplänen der pädagogischen Einrichtungen gibt es die Verkehrserziehung, die Sozialerziehung und Bewegungserziehung. Ich bin der Meinung, dass es auch eine Konsumerziehung geben sollte. Dieser Schwerpunkt sollte in Elternschulen, im Kindergarten und in der Schule an ein breites Publikum weitergegeben werden. Institutionen sollten die bewusst dafür einstehenden Eltern unterstützen.
Es ist an der Zeit, der ständig enger werdenden und gebieterischen Konsumspirale zum Wohle unserer Kinder entgegenzutreten.
Vielleicht haben Sie, liebe Leser, manchmal das Gefühl, mit solch einem Ansinnen auf verlorenem Posten zu stehen. Das stimmt nicht. In meinen Vorträgen erkenne ich zunehmend mehr Menschen, die gewillt sind, dem stetig wachsenden Konsumdiktat etwas entgegenzusetzen. Hören Sie sich einmal um, fragen Sie vorsichtig nach, es gibt mehr Gleichgesinnte, als Sie vielleicht denken.
Wichtig bleibt dabei, sich nicht in Extreme zu begeben, sondern einen Mittelweg, der realistisch durchführbar ist, zu beschreiten. Auf diesem Weg werde ich Sie in Gedanken begleiten, ebenso wie ich ihn in meiner Familie weiterhin gehen werde.

LITERATURHINWEISE

- Braun, Andrea: *Weniger ist oft mehr. Wie wir mit kindlichem Konsum umgehen und Suchtgefahren vorbeugen können*, München: Kösel, 4. Aufl. 2001
- Dreikurs, Rudolf u. Grey, Loren: *Kinder lernen aus den Folgen. Wie man sich Schimpfen und Strafen sparen kann*, Freiburg: Herder, 21. Aufl. 2000
- Feibel, Thomas: *Gute Seiten – schlechte Seiten. Das Beste im Web für mein Kind*, München: Markt & Technik 2000
- Feibel, Thomas u. Herda, S.: *Großer Lern-Software-Ratgeber 2001. Lernen am Computer. 300 Lernprogramme im Praxistest*, München: Markt & Technik 2000
- Gordon, Thomas: *Familienkonferenz*, München: Heyne 1989
- Lukesch, Angelika u. Kirchberg, Ursula: *Steffi will auch Inline-Skates. Eine Geschichte vom Haben und Nicht-Haben*, München: Ellermann 1998
- Müller, Else: *Inseln der Ruhe. Ein neuer Weg zum Autogenen Training für Kinder und Erwachsene*, München: Kösel, 7. Aufl. 2001
- Rogge, Jan-Uwe: *Eltern setzen Grenzen*, Reinbek: Rowohlt-TB, 5. Aufl. 2001
- Ders.: *Kinder können fernsehen. Vom Umgang mit der Flimmerkiste*, Reinbek: Rowohlt-TB 1999
- Schubert, Elke u. Strick, Rainer: *Spielzeugfreier Kindergarten. Ein Projekt zur Suchtprävention für Kinder und mit Kindern*, München: 9. Aufl. 1999 (hrsg. von der Aktion Jugendschutz Bayern e.V., Fasaneriestr. 17, 80636 München; Internet: www.aktion-jugendschutz.de)

- spiel gut (Arbeitsausschuss Kinderspiel + Spielzeug e.V.); »spiel gut«-ausgezeichnetes Spielzeug finden Sie im Internet unter www.spielgut.de
- Unverzagt, Gerlinde u. Hurrelmann, Klaus: *Konsum-Kinder. Was fehlt, wenn es an gar nichts fehlt*, Freiburg: Herder 2001
- Velten, Heidi u. Walter, Bruno: *Harmonische Kindermassage. So fördern Sie das Wohlbefinden Ihres Kindes*, München: Kösel 2000
- Wunsch, Albert: *Die Verwöhnungsfalle. Für eine Erziehung zu mehr Eigenverantwortlichkeit*, München: Kösel, 5. Aufl. 2001